Secrets et Mystères de L'Arche Perdue

Une Aventure Biblique

James R. Hoffer

TEACH Services, Inc.
PUBLISHING
www.TEACHServices.com • (800) 367-1844

Droits mondiaux réservés. Ce livre, en tout ou en partie, ne peut être copié ni reproduit sous quelque forme que ce soit, à moins que la loi ne l'autorise sans la permission écrite de l'auteur, à l'exception du relecteur qui peut citer de brefs passages dans un résumé.

L'auteur assume l'entière responsabilité de l'exactitude de tous les faits et citations figurant dans ce livre. Les opinions exprimées dans ce livre sont les opinions et interprétations personnelles de l'auteur et ne reflètent pas nécessairement celles de l'éditeur.

Ce livre n'a pas pour objectif de donner des conseils spirituels, médicaux ou autres. Si quelqu'un a besoin de conseils spécifiques, il devrait demander l'aide d'un professionnel compétent.

Copyright © 2018 James R. Hoffer
Copyright © 2018 TEACH Services, Inc.
ISBN-13: 978-1-4796-1230-7 (Paperback)
ISBN-13: 978-1-4796-1231-4 (ePub)
Library of Congress Control Number: 2020910786

Publié par

www.TEACHServices.com • (800) 367-1844

Dédicace

Je dédie ce livre avec amour à ma chère épouse, Vera, ma fidèle compagne pendant plus de cinquante-trois ans. Survivante des camps de réfugiés de l'Europe déchirée par la guerre et, plus récemment, des ravages du cancer, elle reste une source de force et d'inspiration pour nous tous. Malheureusement, elle est décédée le 14 juin 2016.

Remerciements

Je suis profondément reconnaissant à mon ancien professeur, mentor et superviseur de travail durant mes années au collège, le Dr. Leslie Hardinge. C'est lui qui m'a inspiré pour la première fois en ce qui concerne ce que nous appelons le *message du sanctuaire*, au cours de ces années très formatrices de mon éducation au Washington Missionary College, plus tard au Columbia Union College et désormais à Washington Adventist University. Il m'a choisi à cet âge tendre pour être son assistant de recherche et faire la mise en pages alors qu'il préparait la toute première édition de *Shadows of His Sacrifice*, qu'il a continué à améliorer tout au long de sa vie et qui est maintenant considéré comme l'un des ouvrages classiques du sujet. À ce jour, je chéris mon exemplaire personnel usé, qui remonte au temps de la miméographie, ainsi que quelques-uns de ses livres.

Je tiens à remercier M. Edward Heppenstall, l'un de mes professeurs du séminaire de théologie de l'Université de Andrews, qui m'a inculqué un grand amour pour le livre des Hébreux. J'aimerais également remercier Pierrette Girard pour sa collaboration à réviser la version française.

Et je ne voudrais pas oublier Jésus-Christ, mon Seigneur et Sauveur, dont le ministère dans le sanctuaire céleste a été obscurci pendant 2.000 ans de théologie erronée, et qui me soutient tous les jours par son pouvoir.

Contenu

Introduction 7

Guide d'étude

Leçon 1   À la recherche de l'arche perdue 11

Leçon 2   Jésus dans le sanctuaire 15

Leçon 3   Jesus prédit la destruction du temple. 20

Leçon 4   L'alliance de l'arche 24

Leçon 5   L'environnement de l'arche 28

Leçon 6   La prédiction de la venue de Christ au temple 34

Leçon 7   La purification du temple 40

Leçon 8   Le contenu de l'arche 45

Leçon 9   Paraboles du royaume 50

Leçon 10   Sainteté au Seigneur. 54

Leçon 11   Médiation céleste 58

Leçon 12   L'arche de la sécurité 62

Réponses au guide d'étude

Leçon 1	À la recherche de l'arche perdue	71
Leçon 2	Jésus dans le sanctuaire	75
Leçon 3	Jesus prédit la destruction du temple	80
Leçon 4	L'alliance de l'arche	84
Leçon 5	L'environnement de l'arche	88
Leçon 6	La prédiction de la venue de Christ au temple	94
Leçon 7	La purification du temple	100
Leçon 8	Le contenu de l'arche	105
Leçon 9	Paraboles du royaume	110
Leçon 10	Sainteté au Seigneur	114
Leçon 11	Médiation céleste	118
Leçon 12	L'arche de la sécurité	122

Introduction

Bienvenue dans *Secrets et mystères de l'arche perdue — une aventure biblique*. Vous allez entreprendre un voyage fascinant. Mon souhait est que, lorsque vous creuserez dans la Parole de Dieu, votre compréhension du sanctuaire s'approfondira et grandira comme jamais auparavant.

De nombreux livres, études bibliques et séminaires sur le sanctuaire sont très détaillés et presque ésotériques. Heureusement, cette série est plus fondamentale et devient une plate-forme pour l'étude d'autres vérités bibliques souvent négligées, vous permettant de faire un cheminement plus intime avec votre Sauveur.

Le sanctuaire était et est le drame et la prophétie. Dans les ministères quotidiens et annuels des prêtres de l'Ancien Testament, les événements importants du plan du salut de Dieu étaient clairement illustrés. Les livres de Daniel, Hébreux et Apocalypse révèlent comment chaque facette du sanctuaire indique les événements futurs.

Le sanctuaire nous enseigne le caractère de Dieu : son amour, sa justice et sa sainteté ; son plan pour nous sauver et restaurer l'intégrité de sa planète perdue ; le véritable coût du péché ; et de nombreux autres concepts importants.

Quelqu'un commentant la Bible a écrit : « Nous vivons dans les derniers jours, dans une période où l'erreur la plus manifeste reçoit cependant créance, alors que la vérité est écartée. Le Seigneur tiendra pour responsables son peuple et ceux qui le dirigent de la vérité qu'il fait briller à leurs yeux. Il leur demande de travailler assidûment à rassembler *les joyaux de sa Parole et à les insérer dans le cadre de l'Evangile*. Ainsi, dans leur divine splendeur, ils brilleront à travers les ténèbres morales du monde. » (Ellen G. White, *Le Ministère Évangélique,* p. 284 ; l'accent est mis sur nous).

L'étude du sanctuaire de l'Ancien Testament a été en grande partie abandonnée. Nous croyons que le message du sanctuaire est bien l'évangile et qu'il constitue un cadre idéal pour la vérité divine.

S'il vous plaît, priez surtout pour que Dieu vous guide par le Saint-Esprit lorsque vous étudiez cette série, car étudier la Bible est bien plus qu'un exercice théorique — il s'agit vraiment d'une expérience qui change la vie. Êtes-vous prêt à commencer ?

Remarque—Ces leçons sont appropriées pour les études individuelles, les cours bibliques, les petits groupes et les séminaires publics. Le livre est divisé en deux parties, avec des leçons régulières dans la première partie et des réponses dans la seconde.

Si vous souhaitez utiliser ce livre pour une classe, les étudiants doivent disposer de leurs propres livres. Faire des photocopies n'est pas autorisé. Pour votre commodité, nous offrons des réductions spéciales pour les commandes supérieures à dix copies et les programmes PowerPoint gratuits sur notre site Web, http ://LostArkSeminar.com.

Toute version de la Bible est acceptable pour ce cours. Cependant, dans ce travail, nous préférons utiliser la version Segond 21, copyright © 2007 du Société Biblique de Genève.

Toutes les citations de Ellen G. White sont du web site http://egwwritings.org.

James R. Hoffer

Guide d'étude

Leçon 1

À la recherche de l'arche perdue

La quête de l'arche de l'alliance a longtemps fasciné de nombreuses personnes et a été logiquement célébrée dans le film *Les aventuriers de l'arche perdue*. Le sujet de cette leçon porte sur sa perte en premier lieu.

1. Quels sont les trois arches, décrits dans la Bible ? (Ge. 6 : 11-17 ; Ex. 2 : 3 ; 25 : 10)

    a. _____

    b. _____

    c. _____

2. L'arche que nous étudions aujourd'hui est la troisième, souvent appelée *l'arche de l'alliance*. Où était cette arche ? (Ex. 25 : 8 ; Hé. 9 : 3-4)

    _____

    _____

    _____

> L'arche faisait partie des meubles du sanctuaire, ou tabernacle, la structure portative qui est devenue le centre de culte pour les Israélites quand ils ont quitté l'Égypte et se sont rendus dans la Terre Promise après environ 400 ans d'esclavage.

3. Comment était l'arche ? (Ex. 25 : 10-15)

   _____

   _____

4. Qu'est-ce qui était placé sur le dessus de l'arche ? (Ex. 25 : 17-21 ; Hé. 9 : 5)

   _____

   _____

5. Qu'y avait-il à l'intérieur de l'arche ? (Hé. 9 : 4 ; De. 10 : 2 ; voir aussi 1 R. 8 : 9)

   a. _____

   b. _____

   c. _____

6. Quel était le but de l'arche ? (Ex. 25 : 22 ; No. 7 : 89 ; Jg. 20 : 27)

   _____

   _____

7. Où est-ce que l'arche est mentionnée dans l'Ancien Testament et que représentait-elle dans l'histoire des Juifs ?

   a. a. No. 10 : 33-35 - _____

   b. b. Jos. 3 : 3-17 ; 4 : 5-10 - _____

   c. c. Jos. 6 : 1-5 - _____

   d. d. 1 S. 4–7 - _____

   e. e. 2 S. 6 : 1-7 - _____

   f. f. 1 R. 8 : 1-11 - _____

8. Qui a détruit le temple de Salomon et que peut-il être arrivé à l'arche ? (2 Ch. 36 : 15-21 ; Esd. 5 : 13-15 ; 6 : 1-5, 14, 15)

   _____

   _____

> Un commentateur a écrit : « Parmi les justes qui se trouvaient encore à Jérusalem et qui connaissaient les desseins de Dieu, quelques-uns étaient déterminés à placer hors d'atteinte des mains impitoyables de l'ennemi l'arche sainte contenant les tables de pierre sur lesquelles étaient gravés les préceptes du Décalogue. Ils réussirent à mettre leur projet à exécution. Tristes, versant des larmes, ils enlevèrent secrètement l'arche et la cachèrent dans une grotte. Elle devait rester là, dans cet endroit ignoré du peuple d'Israël et de Juda, à cause de leurs péchés ; et elle ne leur serait plus jamais restituée. Cette arche sainte est toujours cachée ; elle n'a jamais été déplacée depuis lors » (Ellen G. White, *Prophètes et Rois*, p. 346).

> Il y a aussi un passage à ce sujet dans le livre apocryphe de 2 Maccabées 2 : 4-8, se plaignant de ce que Jérémie a caché l'arche, l'autel de l'encens et même le tabernacle, dans une grotte du mont Nebo. Cela nous semble difficile car Nebo et le village voisin de Madaba sont aujourd'hui en Jordanie, au-delà du Jourdain et à des kilomètres de Jérusalem. À cette époque, il n'y avait pas de tabernacle, car il avait été remplacé bien des années auparavant par le temple de Salomon.

9. Une quatrième arche apparaît dans la Bible dans un endroit très surprenant. Où est cette arche ? (Ap. 11 : 19)

_____

> L'arche céleste sera l'étude d'une future leçon. L'arche terrestre est probablement cachée dans une tombe quelque part en Israël. Fait intéressant, le site du temple à Jérusalem est maintenant occupé par le Dôme du Rocher, un lieu sacré islamique (voir photo).

10. Où serait le roi David ? (Ps. 27 : 4 ; 69 : 9 ; 84 : 10 ; 122 : 1)

_____

_____

11. Sur quelle arche devrais-je me concentrer maintenant ? (Hé. 8 : 1-2 ; 9 : 11-12)

_____

_____

Leçon 2

Jésus dans le sanctuaire

Aucune étude de l'arche ne serait complète sans la compréhension du sanctuaire, également appelé tabernacle ou temple. *Sanctuaire* signifie *lieu saint*. Ce n'était pas une église ou un lieu de réunion, mais un outil visuel précieux dans le but d'enseigner aux gens les principes de base du salut et le plan de Dieu pour restaurer toutes choses.

1. Pourquoi est-il important de comprendre le message du sanctuaire ? (Ps. 73 : 1-17)

   _____

   _____

2. Quand est-il allé au temple pour la première fois ? (Lu. 2 : 21-40)

   _____

   _____

3. Quand était la seconde fois qu'il est allé au temple ? (Lu. 2 : 41-52)

   _____

   _____

4. Qu'aurait-il pensé quand il a observé les sacrifices d'animaux ? (Jn. 1 : 29 ; Ap. 5 : 6-14)

_____

_____

> « Pour la première fois, l'enfant Jésus vit le temple. Comme il parcourait ses parvis, il vit les sacrificateurs officiant, et, sur l'autel, la victime sanglante. Avec les adorateurs assemblés, il s'inclina et ajouta ses prières au nuage d'encens qui montait devant Dieu. Il comprenait la signification de ces rites solennels et savait qu'ils devaient trouver leur accomplissement dans son propre sacrifice pour les péchés du monde. L'intelligence humaine était incapable de concevoir quelles étaient les méditations du Fils de Dieu » (Ellen G. White, *La Vie de Jésus-Christ*, p. 39).

5. Quand le système sacrificiel a-t-il été introduit et dans quel but ? (Ge. 3 : 7, 21 ; 4 : 3-5 ; 22 : 1-4 ; Ex. 12 : 3-14)

_____

_____

6. Jésus a souvent enseigné au temple de Jérusalem pendant son ministère. À une occasion particulière, il a utilisé les rites du sanctuaire pour expliquer certaines choses sur lui-même. Quelle vérité avez-vous partagé avec le peuple ? (Jn. 7 : 37-39 ; És. 55 : 1)

_____

_____

_____

Un commentaire biblique nous donne la compréhension suivante : « Après leur établissement dans la terre de Canaan, les Israélites célébrèrent avec des démonstrations de joie le miracle de l'eau jaillissant du rocher. Aux jours du Sauveur, cette célébration était devenue une cérémonie très impressionnante. Elle avait lieu, à Jérusalem, lors de la fête des tabernacles, devant le peuple rassemblé. Chaque jour de la fête, c'est-à-dire sept jours d'affilée, les prêtres sortaient de la ville, la musique et le chœur des Lévites en tête, et se rendaient à la source de Siloé. Une longue procession suivait le cortège. Tous ceux qui pouvaient s'approcher de la source s'y désaltéraient, tandis que retentissaient les strophes du cantique : "Vous puiserez des eaux avec joie aux sources du salut." L'eau recueillie par les prêtres dans un vase d'or était portée au temple au son des clairons et de l'hymne solennel :

Nos pas s'arrêtent
Dans tes portes, ô Jérusalem !

Puis, toujours avec des cantiques de louanges, chantés en triomphe par la foule et accompagnés d'instruments de musique et du son des trompettes retentissantes, l'eau de Siloé était répandue sur l'autel des sacrifices.

Pour attirer l'attention des Israélites sur les bienfaits qu'il était venu leur apporter, le Sauveur fit un jour allusion à cette cérémonie commémorative. "Le dernier et grand jour de la fête". Jésus, d'une voix qui retentit à travers les parvis du temple, fit entendre cette parole : "Si quelqu'un a soif, qu'il vienne à moi, et qu'il boive. Qui croit en moi, des fleuves d'eau vive couleront de lui, comme l'Écriture le dit." L'apôtre Jean ajoute : "Il disait cela de l'Esprit que devaient recevoir ceux qui croiraient en lui." Une eau fraîche et limpide jaillissant d'une terre brûlée et stérile qu'elle couvre d'un tapis de verdure émaillé de fleurs, et qui rend la vie à ceux qui périssent, tel est l'emblème de la divine grâce que Jésus peut seul apporter aux âmes qu'elle purifie. Celui en qui Jésus demeure possède en lui-même une source intarissable de grâce et de joie ; son sentier en est illuminé. L'amour du Sauveur y fait mûrir des fruits de bonté et de justice qui rafraîchiront les âmes altérées et les conduiront à la vie éternelle.

Jésus, près du puits de Jacob, avait employé la même image dans sa conversation avec une femme de Samarie. "Celui qui boira de l'eau que je lui donnerai, dit-il, n'aura plus jamais soif. L'eau que je lui donnerai deviendra en lui une source qui jaillira jusqu'à la vie éternelle." En sa personne, le Sauveur réunit les deux images : il est à la fois le rocher et l'eau vive » (Ellen G. White, *Patriarches et Prophètes*, pp. 392, 393).

7. Comment le message du sanctuaire révèle-t-il le vrai caractère de Dieu ? (És. 14 :12-14 ; Ez. 28 :12-19 ; Ap. 12 : 7-9)

   _____

   _____

8. Quel événement dans le ministère du Christ a spécialement montré son respect pour le sanctuaire ? (Mt. 21 : 12-13 ; Jn. 2 : 13-16)

   _____

   _____

9. Qu'est-il arrivé à la mort de Christ, montrant clairement comment les services du sanctuaire terrestre avaient rempli leur mission et que maintenant ils avaient complètement perdu leur sens ? (Mt. 27 : 45-51)

   _____

   _____

10. Quelle est la relation de Christ avec le sanctuaire au ciel ? (Hé. 7 : 28 – 8 : 6)

    _____

    _____

11. Le message du sanctuaire est la clé pour comprendre le livre de l'Apocalypse. Que nous enseignent les passages suivants sur le sanctuaire céleste ?

    a. Ap. 1 : 10-20 - _____

    _____

    b. Ap. 4 : 1-6 -_____

    _____

c. Ap. 11 :18-19 - _____

_____

d. Ap. 15 : 1-6 -_____

_____

e. Ap. 21 : 22 – _____

_____

Leçon 3

Jesus prédit la destruction du temple

Dans la leçon précédente, nous avons vu comment le sanctuaire présente les doctrines chrétiennes les plus fondamentales—le salut par le sacrifice expiatoire du Christ—mais que ce processus d'expiation ne serait pas complet sans Sa seconde venue, que nous étudierons dans cette leçon.

1. Les disciples étaient très fiers du temple. Sa façade en marbre brillant et son beau mobilier occupaient le point culminant de Jérusalem. Un jour que les disciples faisaient un tour du temple avec Jésus, il fit une prédiction surprenante (Mt 24 : 1-2). Quelques instants plus tard, assis sur une colline proche, quelle question ont-ils demandé à Jésus ? (Mt 24 : 3)

   _____

   _____

2. Le temple a-t-il déjà été détruit ? Retracez cette courte histoire du temple juif.

   a. 2 S. 7 : 1-13 - _____

   _____

    b. 1 R. 7 : 51—8 : 5 - _____

    _____

    c. 2 Ch. 36 : 15-21 - _____

    _____

    d. Esd. 3 : 10-13 - _____

    _____

3. Nous avons vu le grand respect de Jésus pour le temple dans la leçon précédente, mais comme les Juifs ont généralement rejeté leur Messie, le temple a de nouveau été condamné. Matthieu 23 contient une série de «lamentations» contre les scribes et les pharisiens. Que dit Jésus à propos de Jérusalem dans les versets 37-39 ?

    _____

    _____

4. Quelles étaient les deux parties de la question des disciples dans Matthieu 24 : 3 ? Et quelle a été la réponse de Jésus dans les versets suivants ?

    _____

    _____

> Dans une version des terribles destructions qui ont eu lieu en 70 après JC sous le général Tito, il a déclaré : « L'aveugle obstination des chefs juifs et les crimes affreux perpétrés dans la ville assiégée excitèrent à tel point l'horreur et l'indignation des soldats romains que Titus finit par se décider à prendre le temple d'assaut, résolu toutefois à le conserver s'il était possible. Mais ses ordres furent négligés. Un soir, à peine s'était-il retiré dans sa tente que les Juifs, sortant du temple, attaquèrent les assaillants. Dans la chaleur du combat, un soldat jeta un brandon allumé à travers le portique. Bientôt, les

> salles boisées de cèdre qui entouraient le temple furent la proie des flammes. Accourant en hâte sur les lieux avec ses légionnaires, Titus donna l'ordre de combattre l'incendie. Il ne fut pas obéi. Dans leur rage, les soldats passèrent au fil de l'épée un grand nombre de ceux qui s'étaient réfugiés dans le lieu sacré. Le sang coulait comme de l'eau sur les marches du temple. Des milliers de Juifs périrent. Le bruit de la bataille était dominé par des voix qui disaient : *"I-Kabod !"* c'est-à-dire : la gloire s'en est allée » (Ellen G. White, *La Tragédie des Siècles*, p. 34).

5. En lisant Matthieu 24, combien de signes s'appliquent à la destruction de Jérusalem ou à la seconde venue de Christ, ou aux deux événements ?

   _____

   _____

6. Quel avertissement Jésus nous-at-il donné à la fin de son discours dans Matthieu 24 : 44 ?

   _____

   _____

7. Y a-t-il plusieurs paraboles sur *être prêt* dans Matthieu 22 et 25 ? Quelles leçons en découlent ?

   a. Le festin de noces (Mt. 22 : 1-14) - _____

   _____

   b. Les dix vierges (Mt. 25 : 1-13) - _____

   _____

   c. Les talents (Mt. 25 : 14-30) - _____

   _____

Jesus prédit la destruction du temple | 23

   d. Le Grand Jugement (Mt. 25 : 31-46) - _____

   _____

> Notez que, selon certaines paraboles de Jésus, la séparation entre les injustes et les sauvés se produit uniquement à la fin du monde, et non pas au moment de la mort. (Mt. 13 : 24-30, 38-43 ; 13 :47-50 ; 25 : 31-33).

8. Comment la Bible décrit-elle la seconde venue du Christ ? (1 Th. 4 : 13-18 ; 1 Co. 15 : 51-54)

   _____

   _____

9. Qu'entend-on par l'expression *voleur dans la nuit* ? (1 Th. 5 : 2 ; 2 Pi. 3 : 10)

   _____

   _____

10. Dieu nous a promis une nouvelle terre où nous serons finalement libérés de Satan et du péché. Quelles caractéristiques distinguent le royaume de Dieu, de quoi jouirons-nous pour l'éternité ? (Ap. 21 : 4)

    _____

    _____

Leçon 4

L'alliance de l'arche

Il existe un malentendu dans le monde chrétien au sujet des alliances de Dieu avec son peuple. Cette leçon explorera la Bible avec des informations importantes sur la nouvelle alliance.

1. L'arche dans le sanctuaire / tabernacle / temple était appelée *l'arche de l'alliance*. Ce terme se retrouve plusieurs fois dans la Bible. À qui appartenait l'arche ? (No. 10 : 33 ; Jos. 3 : 11)

   _____

   _____

> Notez que lorsque *Seigneur* est écrit dans la Bible, il remplace le mot *Jéhovah* ou *Yahweh* dans l'hébreu original.

2. En termes généraux, qu'est-ce qu'une alliance ? (Ge. 9 : 12-17)

   _____

   _____

3. Comment appelons-nous l'alliance de Dieu avec l'humanité ? (Hé. 13 : 20)

   _____

   _____

4. Pourquoi l'arche s'appelait-elle *l'arche de l'alliance* ? (Ex. 34 : 28)

_____

_____

5. Il existe de nombreuses alliances dans la Bible, mais dans cette étude, nous allons nous concentrer sur les alliances qui concernent notre salut. Que pouvons-nous apprendre des alliances suivantes ?

   a. L'ancienne alliance entre Dieu et l'homme (Ge. 2 : 16-17) –

   _____

   b. La nouvelle alliance après leur péché (Ge. 3 : 15) -

   _____

   c. Une preuve de l'ancienne alliance (Ex. 19 :4-8 ; 24 : 3-7) –

   _____

   d. La nouvelle alliance, consacrée dans l'arche (Ex. 25 : 8-22) –

   _____

6. Les deux principes éternels du caractère et du royaume de Dieu sont une justice parfaite (basée sur la loi) et une miséricorde parfaite. Quels sont certains des événements majeurs de l'histoire biblique qui retracent ces principes coexistants ?

   a. Ge. 3 : 7, 21 - _____

   b. Ge. 4 : 3-5 - _____

   c. Ge. 22 : 7-14 - _____

   d. Ex. 29 : 38-39 ; Lé. 1 : 1-5 - _____

   _____

e. Mt. 27 : 46-51 - _____

7. Quel beau terme pour l'alliance est utilisé dans la Bible pour décrire la relation chrétienne d'une personne avec le Sauveur ?

   a. És. 54 : 5 - _____

   b. Ap. 21 : 9-10 - _____

   c. Ép. 5 : 22-32 - _____

8. Les personnes de l'Ancien Testament ont-elles été sauvées différemment de celles du Nouveau Testament ? (És. 55 : 6-7 ; Ps. 51)

   _____
   _____

9. Quelles sont les distinctions importantes entre les dix commandements et la loi cérémonielle ?

   a. Les dix commandements (Ex. 25 : 16, 21 ; 31 : 18 ; 40 : 20 ; De. 9 : 10) - _____
   _____

   b. La loi cérémonielle (De. 31 : 26) –
   _____
   _____

10. La loi cérémonielle est-elle toujours applicable ? (Hé. 9 : 9-12 ; Col. 2 : 14 ; Ép. 2 : 15 ; Hé. 10 : 1)

    _____
    _____
    _____

11. La loi morale, les dix commandements, est-elle toujours applicable ? (Ps. 19 : 7 ; És. 42 : 21 ; Mt. 5 : 18 ; Ro. 7 : 12 ; 3 : 31)

_____

_____

_____

_____

12. Quels principes de la nouvelle alliance sont importants pour nous aujourd'hui ?

    a.   Jé. 31 : 31-34 ; Ez. 36 : 26-27 - _____

    b.   Lu. 22 : 20 - _____

    c.   Hé. 8 : 1-6 ; Ap. 11 : 15-19 - _____

13. Comment puis-je commencer mon cheminement avec Christ et entrer dans une relation d'alliance avec lui ? (Ac. 16 : 31 ; Ro. 10 : 9 ; Col. 2 : 12 ; Ga. 3 : 27)

_____

_____

_____

Leçon 5

L'environnement de l'arche

L'arche de l'alliance n'était que l'une des caractéristiques du sanctuaire. Cette leçon se concentre sur les autres articles du mobilier et leur signification. Dieu, qui a conçu le sanctuaire en premier lieu, a donné à chaque objet un sens profond. Après tout, le sanctuaire n'était pas une église ou un lieu de rencontre, comme nous le pensons aujourd'hui, mais comme mentionné dans la leçon 2, le sanctuaire était une aide visuelle conçue divinement, dont le but était de décrire diverses facettes de son caractère et de son plan gracieux pour sauver l'humanité déchue.

1. D'où est venu le projet du premier sanctuaire et du premier tabernacle ? (Ex. 25 : 1-9 ; 26 : 30)

   _____

   _____

   _____

2. Voyez-vous quelque chose d'unique dans l'aperçu du tabernacle donné par Paul dans Hébreux 9 : 1-10 ? (Voir aussi Ex. 31 : 1-11 ; 30 : 6)

   _____

   _____

   _____

3. Dieu est un Dieu de détails. Aucun élément du sanctuaire n'était laissé à l'imagination des ouvriers. Quelles fonctions attribuez-vous à chaque région ?

   a. La cour (Ex. 27 : 9-19) –

   b. Le Tabernacle lui-même (Ex. 26) –

   c. Le voile (Ex. 26 : 31-35 ; 30 : 6) –

   d. L'autel de l'holocauste (Ex. 27 : 1-8) –

   e. La cuve (Ex. 30 : 17-21) –

f. La table des pains de proposition (Ex. 25 : 23-30) -

   _____

   _____

   g. Le chandelier d'or (Ex. 25 : 31-40) –

   _____

   _____

   h. L'autel de l'encens (Ex. 30 : 1-10) –

   _____

   _____

   i. i. L'Arche de l'Alliance (Ex. 25 : 10-22) –

   _____

   _____

   j. La robe du prêtre (Ex. 28 : 29-30 ; No. 4 : 6-10) –

   _____

   _____

4. Entrons maintenant dans le sanctuaire. Comment les choses suivantes ont-elles pointé vers Jésus ?

   a. L'autel de l'holocauste (Jn. 1 : 29 ; Hé. 7 : 25-27 ; 9 : 12) –

   _____

   b. Le lustre doré (Jn. 8 : 12) –

   _____

   _____

c. La table du pain de proposition (Jn. 6 : 41-51) –

_____

d. Le prêtre (Hé. 8 : 1-2 ; 9 : 11-12, 14) –

_____

5. Deux principaux types de sacrifices ont été offerts dans le sanctuaire. Quels étaient-ils ?

   a. Ex. 29 : 38-46 –

   _____

   b. Lé. 4 : 1-6 –

   _____

6. Six convocations sacrées spéciales ou fêtes étaient observées tout au long de l'année civile, trois au printemps et trois à l'automne. Que voulaient-elles dire ?

   a. La Pâque et le pain azyme (Lé. 23 : 4-8 ; 1Co 5 : 7) –

   _____

   b. La fête des prémices (Lé. 23 : 9-14 ; Mt 27 : 50-53) –

   _____

   c. La fête des semaines / Pentecôte (Lé. 23 : 15-22 ; Ac. 2 : 1-4) –

   _____

   d. La fête des trompettes (Lé. 23 : 23-25) –

   _____

e. Le jour des expiations (Lé. 23 : 26-32 ; 16 : 29-30) –

___

f. La fête des tabernacles (Lé. 23 : 33-44) –

___

7. Notez que le sabbat hebdomadaire est mentionné séparément dans Lévitique 23 : 3. Pourquoi pensez-vous que samedi est mis en avant ?

___

___

8. Au fur et à mesure que nous étudions le sanctuaire, il devient de plus en plus évident que Dieu essaie de nous enseigner deux grands principes du salut. Quels sont les deux principes ?

a. ___

b. ___

9. Comment cela est-il décrit dans le schéma général du sanctuaire ?

a. Le lieu saint et le service *quotidien* (Hé. 9 : 6) –

___

b. Le lieu très saint et le service *annuel* (Hé. 9 : 7) –

___

10. Quelle leçon importante peut-on tirer du sanctuaire, en particulier du lustre en or ? (Ps. 119 : 105)

___

___

Le Sanctuaire Terrestre

Le sanctuaire était et est le drame et la prophétie. »

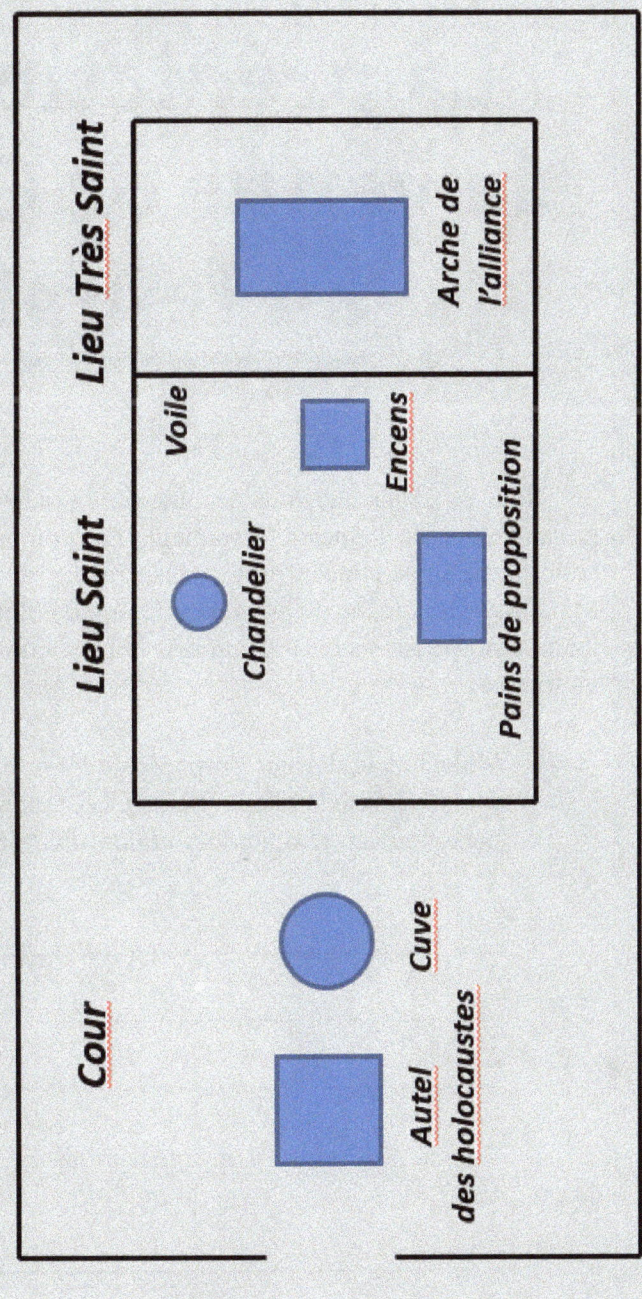

Leçon 6

La prédiction de la venue de Christ au temple

Nous espérons que vous découvrirez la richesse du symbolisme dans le sanctuaire de l'Ancien Testament. De nombreux chrétiens ignorent cette partie et se concentrent exclusivement sur le Nouveau Testament. Mais il y a tellement d'enseignements merveilleux que nous négligeons lorsque nous faisons cela, y compris la prédiction de la venue de Christ au temple.

1. Malachie, le dernier prophète de l'Ancien Testament, écrit environ 400 ans avant l'époque de Christ, annonçait la venue de *deux* personnes au temple. Qui étaient-ils ? (Mal. 3 : 1 ; Mt. 3 : 1-3, 13-17)

   _____

   _____

   _____

2. Comment Jésus a-t-il affirmé le ministère de Jean-Baptiste ? (Mt. 11 : 7-11)

   _____

   _____

La prédiction de la venue de Christ au temple | 35

3. Quelle prophétie de Malachie Jésus a-t-il établi un lien avec Jean-Baptiste ? (Mal. 4 : 5-6 ; Jn. 1 : 19-23 ; Mt. 11 : 12-14)

_____

_____

4. Jésus est-il venu sur terre à un moment particulier de l'histoire ? (Ga. 4 : 4-5 ; Mc. 1 : 14-15)

_____

_____

5. La Bible contient quelques prophéties liées à une époque particulière et nous allons en examiner une. Quel précédent avons-nous pour interpréter le facteur temps d'une certaine manière ? (Ez. 4 : 1-6)

_____

_____

_____

6. Ceci est donc le principe du *un jour par an*, qui peut être appliqué sans danger à de nombreuses prophéties du temps. Daniel était l'un de ces exilés qui se démarquait dans ce scénario et il avait été élevé à la direction du gouvernement babylonien et, plus tard, du gouvernement successif de Perse. Quelle est la séquence des événements décrits dans Daniel 9 ?

   a. Dn. 9 :1-2 ; Jé. 25 : 11, 12 –

_____

_____

_____

b. Dn. 9 : 3-19 –

c. Dn. 9 : 20-23 –

7. En examinant le sens des paroles de Gabriel dans Daniel 9, nous voyons une prophétie du temps qui a prédit avec justesse le premier avènement de Christ. Si notre présomption prophétique est vraie, qu'un jour prophétique est égal à une année littérale, combien d'années la prophétie des 70 semaines signifie-t-elle ? Et que signifient les expressions *sont déterminés* et *pour votre peuple* ? (Dn. 9 : 24)

8. Que devaient-ils accomplir pendant la période de 70 semaines ? Ont-ils réussi ? (Dn. 9 : 24 ; Mt. 23 : 37-39)

9. Quel événement a marqué le début de la prophétie ? (Dn. 9 : 25)

La prédiction de la venue de Christ au temple | 37

10. Avons-nous une copie de ce décret qui a été le catalyseur de la prophétie ? (Esd. 7 : 11-26)

_____

_____

11. Quand le Messie Jésus viendrait-il dans son temple ? (Dn. 9 : 26)

_____

12. Qu'allait-il arriver au temple quelques années après la mort de Christ ? (Mt. 24 : 1-2, 15-23)

_____

13. Comment Christ "confirmerait-il une alliance pour une semaine" avec les Juifs ? (Mt. 10 : 5-6 ; Ac. 13 : 42-46)

_____

_____

_____

14. L'alliance de Dieu avec Israël était-elle conditionnelle ou inconditionnelle ? (De. 28 : 1-2, 15-16)

_____

15. Quand Christ est-il mort au Calvaire ? (Dn. 9 : 27)

_____

16. Quel événement a montré que les sacrifices au temple étaient abolis, du moins aux yeux de Dieu ? (Mt. 27 : 51)

_____

17. Qui est le peuple de Dieu aujourd'hui ? (Ga. 6 : 15-16 ; 3 : 27-29 ; Ro. 9 : 6-8 ; 11 : 5, 13-17, 26)

_____

_____

« Au milieu de la semaine il fera cesser le sacrifice et l'offrande. » – Dan 9 : 27

70 "semaines" = 490 ans

2.300 "jours" = 2.300 ans

457 AV

27-31-34 AP

Lieu Saint

Lieu Très Saint

Voile

Chandelier

Encens

Pains de proposition

Arche de l'alliance

Cuve

Autel des holocaustes

Leçon 7

La purification du temple

N'est-il pas étonnant de constater que le sanctuaire ne décrit pas seulement les événements de la vie et du ministère du Christ, mais le moment même de ces événements ? C'est une nouvelle passionnante qui manque à beaucoup de chrétiens. Aujourd'hui, nous continuons notre démarche pour étudier cette étonnante chronologie prédite dans Daniel 8 et 9.

1. Comment savons-nous que les prophéties de Daniel 8 et 9 sont liées ? (Dn. 8 : 27 ; 9 : 1-3, 20-23)

   _____

   _____

2. Quelles figures étranges apparaissent dans la vision au chapitre 8 et que représentent-elles ? (Dn. 8 : 1-9)

   _____

   _____

3. Comment la petite corne a-t-elle profané le sanctuaire ? (Dn. 8 : 10-12)

   _____

   _____

4. Combien de temps faudrait-il avant que la vérité du sanctuaire soit restaurée ? (Dn. 8 : 13-14)

5. Quand cette période a-t-elle commencé ? (Dn. 9 : 25)

6. Les Juifs ont bien compris que le terme *purification du sanctuaire* désignait le jour des expiations, qui signifiait à son tour le jugement. Une fois par an, le spectacle était reconstitué lors d'une cérémonie centrée sur le Lieu très saint. Que voulait dire cette cérémonie ? (Lé. 23 : 26-32 ; 16 : 29-33)

7. Les cérémonies du sanctuaire sont divisées en deux parties—les services *quotidiens* et *annuels*. Qu'est-ce qui était représenté par les services quotidiens ? (Mc. 15 : 33-39)

8. Donc, si le service quotidien est prophétique, que fournit le service annuel ? (Ap. 20 : 11-15)

9. Observez la prophétie de Daniel sur le jugement. Que se passe-t-il avant que le Christ revienne sur terre ? (Dn. 7 : 9-10 ; Ap. 22 : 12)

   _____

10. Quelle cérémonie solennelle du sanctuaire représente la grâce salvatrice de Dieu ? (Lé. 16 : 7-10)

    _____

    a. Qui est représenté par la chèvre du Seigneur ? - _____

    b. Qui le bouc émissaire (Azazel) représente-t-il ? - _____

    c. Quand le bouc du Seigneur meurt-il ? Lé. 16 : 8-9 ; Jn. 19 : 28-30 – _____

    d. Quand le bouc émissaire meurt-il ? (Lé. 16 : 10 ; Ap. 20 : 7-10) - _____

    _____

    _____

11. Certains pensent que <u>les deux</u> boucs représentent le Christ. Si les deux boucs devaient être parfaits, comment pouvons-nous dire que Azazel représente Satan ? (Ez. 28 : 12-15)

    _____

12. Dans quel sens *expiation* est-elle utilisée dans Lévitique 16 : 15-22 ?

    _____

    _____

    _____

13. Que s'est-il passé en 1844, ce qui en fait un moment important dans la prophétie biblique ? (Ap. 10 : 8-11 ; Dn. 12)

_____

_____

_____

_____

> Après le symbolisme du sanctuaire jusqu'à sa conclusion logique, nous pensons qu'une partie du jugement a commencé en 1844. Nous l'appelons le *jugement d'investigation* parce que le Christ nous prépare à sa venue. Il existe un sens bien défini selon lequel nous devons nous aussi *affliger notre âme*, comme l'ont fait les Israélites le jour des expiations, en prenant la vie au sérieux et en vivant pour Jésus.

14. Aurons-nous un jour à nouveau affaire avec le péché ? (Na. 1 : 9)

_____

_____

Leçon 8

Le contenu de l'arche

Dans la première leçon, nous nous référions brièvement au contenu de l'arche de l'alliance, mais aujourd'hui nous en examinerons le sens plus profond. Cette arche était l'élément le plus sacré du sanctuaire, car elle représentait la présence de Dieu.

1. Comment l'arche avait-t-elle été construite ?

    a. Quelle était sa taille ? (Ex. 25 : 10) –

    _____

    b. De quoi était-elle faite ? (versets 10-11) –

    _____

    c. Comment a-t-elle été transportée ? (versets 12-15) –

    _____

    d. Qu'y avait-il à l'intérieur de l'arche ? (verset 16) –

    _____

    e. Qu'est-ce qui était placé sur le dessus de l'arche ? (versets 17-21) -

    _____

f. Quelle activité devrait se passer avant l'arche ? (verset 22) –

_____

2. Quels autres objets seraient ensuite ajoutés à l'arche ? (Hé. 9 : 4 ; Ex. 16 : 33-34 ; No. 17 : 1-10)

_____

3. Que représentent ce qui suit à propos de Dieu et de son caractère ?

   a. Les dix commandements - _____

   b. La manne - _____

   c. La verge d'Aaron - _____

   d. Le propitiatoire - _____

   e. Les chérubins - _____

4. Pourquoi est-il important pour nous d'avoir une vraie image de Dieu ? (És. 14 : 12-15)

_____

_____

_____

> Nous avons tous entendu des déclarations du type « S'il y a un Dieu, il ne le permettra pas … » Satan se réjouit grandement de ces attaques contre le caractère de Dieu. La vérité est que Dieu est le guérisseur et le libérateur, et Satan le destructeur et le guerrier.

5. Quelle explication la déclaration de Jésus aux disciples donne-t-elle à propos de l'aveugle et de ses souffrances ? (Jn. 9 : 1-5)

_____

_____

6. Qu'a dit l'apôtre Paul à propos de son combat contre la maladie et du rôle de Satan ? (2 Co. 12 : 7-10)

_____

_____

7. Que nous apprend l'histoire de Job sur l'implication de Satan sur cette terre ? (Job 1 : 6-12)

_____

> Si Dieu met fin soudainement à la misère, à la pauvreté, à la maladie et à la mort sur la Terre, nous n'attendrons pas le ciel. Et si Dieu ne guérissait que les chrétiens, plusieurs deviendraient chrétiens pour la mauvaise raison.

8. De retour à l'arche, quels sont les deux principes de base du salut qu'elle nous enseigne ?

   a. Les dix commandements (Ap. 14 : 12 ; 22 : 14 ; Mt. 5 : 17-18 ; Ro. 3 : 20, 31 ; 7 : 12) –

   _____

   _____

   b. Le siège de la miséricorde (Ro. 3 : 23-24 ; 5 : 1 ; Ja. 2 : 10-12 ; 1 Jn. 1 : 9) –

   _____

   _____

9. Comment Dieu s'est-il présenté à Moïse ? Quels traits de caractère Dieu a-t-il utilisés pour se décrire ? (Ex. 34 : 5-6 ; Ps. 85 : 10)

_____

_____

10. Quel autre trait important de Dieu est mis en évidence dans la Bible ? (Ps. 115 : 1-8)

_____

11. Y a-t-il quelque chose dans l'arche de l'alliance qui désigne Dieu comme notre Créateur ? (Ex. 20 : 8-11).

_____

_____

_____

12. Que nous apprennent les textes suivants sur le jour du sabbat ?

    a. Ge. 2 : 1-3 - _____

_____

    b. Mc. 2 : 27-28 - _____

_____

    c. Ex. 16 : 23-29 - _____

_____

    d. Né. 13 : 15-22 - _____

_____

    e. Ac. 13 : 42-44 ; 16 : 13 - _____

_____

Le contenu de l'arche | 49

    f.   Hé. 4 : 8-9 - _____

_____

    g.   És. 66 : 22-23 - _____

_____

13. Si garder la loi ne nous sauve pas, à quoi sert la loi et devons-nous la respecter ? (Ja.1 : 22-25 ; Ro. 3 : 20)

_____

_____

> « Le précieux registre de la loi a été placé dans l'arche du testament et est toujours là, à l'abri de la famille humaine. Mais au moment fixé par Dieu, Il produira ces tablettes de pierre pour témoigner au monde contre le mépris de ses commandements et contre le culte idolâtre d'un faux sabbat » (Ellen G. White, *Manuscript Releases*, vol. 8, p 100).

Leçon 9

Paraboles du royaume

Les gens à l'époque de Jésus, y compris ses propres disciples, avaient des notions très déformées sur le royaume de Dieu. Ils cherchaient un Messie qui renverserait les Romains oppresseurs et rétablirait la nation dans la grandeur terrestre. Dans cette leçon, nous explorerons les paraboles de Jésus en expliquant progressivement la vraie nature de son royaume et les derniers événements qui l'introduiraient.

1. Que nous apprennent les paraboles suivantes de Jésus sur le moment du jugement ?

    a. Le blé et l'ivraie (Mt. 13 : 24-30, 36-43)

    b. Le réseau (Mt. 13 : 47-50)

    c. Le jugement final (Mt. 25 : 31-34, 41)

    _____
    _____
    _____
    _____

Paraboles du royaume | 51

2. Que pouvons-nous apprendre des passages d'Écriture suivants pour obtenir de l'aide ?

   a. Dn. 7 : 9-10 - _____

   b. Ac. 24 : 15 - _____

   c. Mc. 13 : 24-27 - _____

   d. Jn. 5 : 28-29 - _____

   e. Ac. 2 : 29-35 - _____

   f. 1 Co. 15 : 51-54 ; 1 Th. 4 : 13-17 - _____

   _____

3. Dans la leçon 7, nous apprenons qu'une des facettes du jugement a commencé en 1844. Qu'est-ce que cela implique ? (Dn. 7 : 9-10)

   _____

   _____

   _____

   _____

4. Quand se produit la phase de verdict ? (2 Th. 2 : 8 ; Ap. 6 : 15-17)

   _____

5. Est-ce tout pour les méchants ? Quelle est la séquence d'événements décrite dans Apocalypse 19 et 20 ?

   a. Ap. 19 : 11-16 - _____

   b. Ap. 19 : 17-21 - _____

   c. Ap. 20 : 1-3 - _____

d. Ap. 20 : 4-6 ; 1 Co. 6 : 2-3 - _____

e. Ap. 20 : 7-14 - _____

6. Tout le livre de l'Apocalypse est rempli de langage de sanctuaire. Que remarquez-vous dans les passages suivants ?

   a. Ap. 1 : 9-20 - _____

   b. Ap. 4 - _____

   c. Ap. 8 : 1-6 - _____

   d. Ap. 11 : 1-3 - _____

   e. Ap. 15 : 5-8 - _____

7. Quel événement est décrit dans Apocalypse 14 : 14-16 ?

   _____

8. Dieu cherche-t-il à nous surprendre par sa venue ou à nous prévenir ? (Mt. 24 : 25 ; Jn. 3 : 1-4 ; Am. 3 :7)

   _____

9. Comment Dieu avertit-il le monde juste avant la venue de Christ ? (Ap. 14 : 6-13)

   _____

   _____

   _____

10. Nous examinons maintenant les messages des trois anges en détail. Quelles sont les composantes du message du premier ange ? (Ap. 14 : 6-7)

    a.   Voler au milieu du ciel - _____

    b.   L'évangile éternel - _____

    c.   Pour toutes les nations - _____

    d.   Craignez Dieu, donnez-lui la gloire - _____

    e.   Heure du jugement - _____

    f.   Adorer le Créateur - _____

11. Qu'apprenons-nous du message du deuxième ange ? (Ap. 14 : 8 ; voir aussi Ap. 17 et 18, en particulier 18 :1-4)

_____

_____

12. Que proclame le troisième ange ? (Ap. 14 : 9-11)

_____

_____

13. Contrairement aux méchants de Babylone, comment les justes sont-ils décrits juste avant la venue du Christ ? (Ap. 14 : 12, 13)

_____

_____

Leçon 10

Sainteté au Seigneur

Lorsque le peuple d'Israël a été libéré de centaines d'années d'esclavage dans le pays d'Égypte, il a en grande partie perdu la foi et a dû être complètement rééduqué dans les choses du Seigneur et dans les principes de base de la vie. Les exceptions notables incluent les parents de Moïse et quelques Israélites fidèles, car nous savons que Dieu a toujours préservé sa vérité tout au long de son histoire, même si elle a souvent été cachée. Depuis que les Israélites avaient installé leur camp dans le désert, il n'était plus possible pour chaque famille de pratiquer individuellement les rituels de sacrifice chez eux. Le système du sanctuaire a donc été introduit. Cette leçon se concentre sur le concept de sainteté.

1. Quel signe visible de sainteté faisait partie du vêtement du prêtre ? (Ex. 28 : 36-38 ; 39 : 30-31)

   _____

2. Qu'est-ce que cela signifie d'être *saint* ? (1 Pi. 1 : 16 ; Mt. 5 : 48)

   _____

   _____

3. Comment Dieu a-t-il commencé à révéler son plan de sainteté au peuple par l'intermédiaire de Moïse ? (Ex. 3 : 1-5)

   _____

   _____

4. Comment Dieu a-t-il établi cet idéal devant le peuple dans son ensemble ? (Ex. 19 : 3-6 ; 20 : 8)

_____

_____

_____

5. Quelle expérience tirée du voyage en Canaan a souligné l'urgence du concept de sainteté ? (Lé. 10 : 1-10)

_____

_____

6. De quelle autre manière la sainteté a-t-elle été reflétée dans votre style de vie ? (Lé. 11 : 44-47 ; Ac. 10 : 9-16, 28)

_____

_____

_____

7. Dieu nous met au défi d'atteindre la sainteté dans tous les domaines de notre vie, tels que :

    a. 1 Co. 3 : 16 - _____

    b. 1 Co. 6 : 9-11 - _____

    c. Lé. 27 : 30 ; Mal. 3 : 8-10 - _____

8. Le concept de sainteté est retrouvé dans toute la Bible. Que pouvons-nous apprendre de ce concept dans l'Ancien et le Nouveau Testament ? (Eze 22 : 26 ; 44 : 16-23 ; 1 Pi. 2 : 9 ; Ap. 5 : 9-10)

_____

_____

_____

_____

9. Quelle théologie médiévale a effacé le *sacerdoce du croyant* et est devenue un sujet dans la Réforme Protestante ?

_____

_____

10. Qu'est-il arrivé de la prêtrise à la mort de Christ ? (Mt. 27 : 51 ; Hé. 8 : 1-6)

_____

11. Dans quel sens servons-nous comme *prêtres* aujourd'hui ? (Jn. 21 : 15-17 ; 1 Pi. 5 : 3-5)

_____

_____

12. Quel concept post-moderne a brouillé la distinction entre le sacré et le profane ?

_____

_____

_____

Sainteté au Seigneur | 57

13. Quelle perspective nous aidera à consacrer nos vies complètement à Dieu ? (Hé. 11 : 13 ; 1 Pi. 2 : 11)

_____

_____

14. Devenir *saint* est clairement un concept étranger au monde entier. Comment le Seigneur nous conseille-t-il de mettre la vie en perspective et de le placer d'abord pour que, par l'association avec lui, nous puissions devenir des saints ?

    a.   1 Jn. 2 : 15-17 - _____

    b.   2 Pi. 3 : 10-13 - _____

> Prions tous pour que le Seigneur fasse son œuvre merveilleuse dans nos vies et nous prépare ainsi pour son royaume céleste ! « L'oraison est un moyen efficace recommandé par le ciel dans le développement du caractère et la lutte contre le péché. L'influence divine qui se fait sentir dans le cœur en réponse à la prière de la foi assure au chrétien tout ce qu'il a réclamé. Nous pouvons demander le pardon de nos péchés et le don du Saint-Esprit ; nous pouvons intercéder pour obtenir un caractère semblable à celui du Christ, et la sagesse et la force pour accomplir son œuvre ; tout ce que Dieu a promis, il nous l'accordera ; il nous dit, en effet—*Vous recevrez* » (Ellen G. White, *Conquérants Pacifiques*, p. 483).

Leçon 11

Médiation céleste

Dans le monde d'aujourd'hui, l'homme est considéré comme indépendant et autonome. Pour beaucoup, la *liberté* signifie que nous ne répondons moralement à personne, mais que nous sommes autonomes. L'idée de relativisme est étroitement liée à cela. Ce que je crois peut différer de ce que vous croyez, et nous avons tous les deux ont raison ! La *vérité* est bonne pour le mathématicien, le physicien, le chimiste, etc., mais la vérité comportementale n'existe pas et elle est conditionnée par notre culture et notre éducation. Les tristes résultats de ces philosophies abondent autour de nous.

1. Dans la parabole de la brebis perdue, la brebis perdue était-elle *libre* ? (Lu. 15 : 3-7)

   _____
   _____

2. Quelle était la mission de Jésus sur terre ? (Lu. 19 : 10)

   _____
   _____

3. La médiation de Jésus a commencé alors qu'il était sur la terre. Pour qui a-t-il intercédé ? (Jn. 17 : 6-21)

   _____

4. Quel est le seul moyen d'être vraiment libre ? (Jn. 17 : 17 ; 14 : 6 ; 8 : 30-36)

   _____

5. Que nous enseigne le sanctuaire sur Jésus, notre Sauveur et médiateur ?

   a. Hé. 9 : 12 - _____

   b. Hé. 8 : 1-2, 6 - _____

   c. Hé. 9 : 28 - _____

6. Qu'est-ce qui qualifie Christ de notre médiateur ? (Hé. 4 : 15-16 ; 5 : 8-9)

   _____

   _____

7. Que nous enseignent les Ecritures sur la médiation du Christ ?

   a. 1 Ti. 2 : 5-6 - _____

   b. Hé. 8 : 6 ; 9 : 15 - _____

   _____

   c. Jn. 14 : 1-6 - _____

   _____

> Il est important de noter que certains systèmes théologiques désignent d'autres médiateurs tels que les prêtres, Marie, etc. Ces idées fausses sont apparues après les apôtres, pendant la grande apostasie du christianisme.

8. Si Jésus joue un rôle de médiation dans le sanctuaire céleste, qui est ici pour nous aider ? (Jn. 16 : 7)

   _____

   _____

9. Quel est le travail du Saint-Esprit ? (Jn. 16 : 8-13)

10. Qu'est-ce qui nous qualifie pour bénéficier du travail du Saint-Esprit ? (Jn. 14 : 15-17 ; Hé. 10 : 14 ; Ac. 5 : 32)

11. Comment pouvons-nous trouver cette vérité ? (Jn. 18 : 36-38)

12. Quel est le rôle du Saint-Esprit quand nous prions ? (Ro. 8 : 26-27)

13. Comment le Saint-Esprit nous permet-il de servir les autres ? (1 Co. 12 :1, 7-11)

14. Comment Christ et le Saint-Esprit nous ouvrent-ils maintenant les portes du ciel ? (Ép. 3 : 12 ; Hé. 4 : 16)

15. Toutes les vérités que nous étudions dans ce cours émanent du sanctuaire. Comment les psalmistes ont-ils exprimé leur joie à propos de la maison de Dieu ? (Ps. 77 : 13 ; 122 : 1)

16. Que s'est-il passé au temps du roi Josias lorsque les Écritures ont été redécouvertes ? (2 R. 22 : 8-13)

_____

17. Quand la prophétesse Hulda fut consultée, qu'avait-elle dit, en particulier au jeune roi ? (2 R. 22 : 15-20)

_____

> Puissions-nous humilier nos cœurs pour recevoir la Parole de Dieu et donner notre vie à Jésus !

Leçon 12

L'arche de la sécurité

Nous commençons notre dernière leçon par cette citation de *La Tragédie des Siècles* : « La clef de l'énigme de 1844 se trouvait dans le sujet du sanctuaire. L'étude de ce sujet *révéla tout un système harmonieux de vérités*. On y vit la main de Dieu, lequel avait dirigé le grand mouvement adventiste, éclairant la position et la mission de son peuple » (Ellen G. White, p. 459, l'accent étant mis ici). Nous pourrions discuter de la recherche de l'arche de l'alliance terrestre, mais cela ne ferait que satisfaire une curiosité pour résoudre le mystère de son emplacement. Dans cette dernière leçon, nous consacrerons notre temps à l'étude de l'arche céleste, qui a été obscurcie par diverses sortes de fausse théologie au cours des siècles. Satan a en grande partie réussi à détourner l'attention de l'humanité de Christ vers un *royaume* visible sur terre afin de créer une dépendance à l'égard d'un système d'église plutôt que du ministère de notre Grand Prêtre céleste.

1. Quel système terrestre a prévalu pendant l'âge des ténèbres et quels moyens a-t-il utilisé pour attirer l'attention sur lui-même et l'éloigner de Christ ? (Dn. 8 : 9 ; Ap. 13 : 6)

   _____

   _____

2. Quelles sont les caractéristiques clés qui nous aident à identifier ce pouvoir ? (Dn. 8 : 9-13 ; Ap. 13 : 1-8)

   _____

   _____

3. Quand ce faux système serait-il exposé ? (Dn. 8 : 14 ; Hé. 9 : 23)

« Cette période prophétique s'est terminée le 22 octobre 1844. Pour ceux qui s'attendaient à rencontrer le Seigneur ce jour-là, la déception était grande. Hiram Edson, un érudit biblique au centre de l'État de New York, décrit ce qui s'est passé dans le groupe de croyants dont il faisait partie :

Nos attentes étaient élevées et nous avons donc attendu la venue de notre Seigneur jusqu'à ce que l'horloge sonne à minuit. La journée était alors passée et notre déception était devenue une certitude. Nos espoirs et nos attentes les plus profonds ont été anéantis, et un esprit de pleureur tel que nous ne l'avions jamais fait auparavant est apparu. Il semblait que la perte de tous les amis terrestres ne pouvait pas être comparée. Nous avons pleuré et nous avons pleuré jusqu'à ce que le jour se lève ....

En méditant dans mon cœur, je me suis dit : 'Mon expérience de l'Avent a été la plus belle de toutes mes expériences chrétiennes. ... Est-ce que la Bible a échoué ? N'y a-t-il pas de Dieu, pas de paradis, pas de ville en or, pas de paradis ? Est-ce que tout cela est une fable habilement conçue ? Nos espoirs et attentes les plus profonds ne sont-ils pas réels ? ...

J'ai commencé à sentir qu'il devait y avoir de la lumière et de l'aide pour nous en cette période d'agonie. J'ai dit à certains frères : 'Allons à la grange.' Nous entrons dans la grange, fermons la porte et nous nous inclinons devant le Seigneur. Nous avons prié avec ferveur parce que nous avons ressenti notre besoin. Nous avons continué à prier avec ferveur jusqu'à ce que nous recevions le témoignage de l'Esprit nous indiquant que nos prières étaient acceptées et que la lumière nous était donnée : notre déception expliquée et clarifiée de manière satisfaisante.

Après le petit-déjeuner, j'ai dit à l'un de mes frères : 'Sortons et encourageons certains de nos frères.' Nous sommes sortis et, alors que nous traversions un grand champ, j'ai été bloqué à peu près à mi-chemin. Le ciel semblait s'ouvrir devant mes yeux et je vis clairement et distinctement qu'au lieu que notre souverain sacrificateur s'éloigne du lieu très saint du sanctuaire céleste, le dixième jour du

> septième mois, à la fin des 2.300 jours, premier au lieu de cela, il entra ce jour-là dans le deuxième compartiment de ce sanctuaire, et il avait une tâche à accomplir dans le lieu très saint avant de venir sur terre; qu'il est venu aux noces ou, en d'autres termes, à l'Ancien des Jours, pour recevoir le royaume, le règne et la gloire; et que nous devrions attendre son retour du mariage. Et mon esprit était dirigé vers le dixième chapitre de l'Apocalypse, où je pouvais voir que la vision avait parlé et n'avait pas menti. » (Manuscrit non publié, publié en partie dans *The Review and Herald*, 23 juin 1921).

4. Qui est le prince de l'armée ? (Jos. 5 : 13 – 15 ; Dn. 9 : 25 ; 10 : 21; 12 : 1)

_____

5. De quelles manières spécifiques la théologie des petites cornes a-t-elle remplacé le ministère de Jésus ?

   a. Une fausse prêtrise (Ap. 1 : 6 ; 1 Pi. 2 : 9) –

   _____

   _____

   _____

   b. Un faux système de médiation (Hé. 8 : 1-6) –

   _____

   _____

   c. Un faux système religieux avec ses pièges mystiques tels que de l'encens brûlant, des statues et des icônes, une chapelle centrée sur un autel et de l'eau bénite, des reliques et d'autres objets non bibliques.

   _____

   _____

_____

_____

_____

> Hébreux 9 : 24 révèle que le sanctuaire terrestre et ses meubles n'étaient que des *copies de la vérité*. Par conséquent, la véritable *arche perdue* a été redécouverte en 1844 dans un champ de maïs par un profane dévoué ! Cette arche, ce sanctuaire céleste et le ministère céleste de Jésus ont été mis à jour et ont donné naissance à un nouveau mouvement chrétien connu sous le nom d'Église Adventiste du Septième Jour. Quels sont les *secrets et mystères* de cette *arche perdue* ? Ce ne sont que des secrets et des mystères puisque la plupart des gens n'étudient jamais le sanctuaire, l'arche est donc perdue. Remarque—l'Église Adventiste du Septième Jour partage bon nombre de ses enseignements avec d'autres dénominations, mais c'est la seule à enseigner le message du sanctuaire !

6. Ensuite, en revue, et selon ce que nous avons trouvé à travers cette série de leçons, quels sont quelques-uns des principaux enseignements bibliques qui nous ont été donnés dans le message du sanctuaire : les *joyaux de la vérité* qui devraient être placés *dans l'examen minutieux de l'évangile*. (Ellen G. White, *Travailleurs évangéliques*, p. 289) ?

   a. Hé. 9 : 11-12 - _____

   b. És. 14 : 12-14 - _____

   c. 1 Th. 4 : 16-18 - _____

   d. Dn. 8 : 14 ; Ap. 14 : 6-7 - _____

   e. Jn. 14 :15-16 ; Ro. 6 : 23 - _____

> « Dans le lieu très saint je vis une arche ; le haut et les côtés étaient composés de l'or le plus pur. A chaque extrémité de l'arche il y avait un chérubin, les ailes déployées. Leurs faces étaient tournées l'une vers l'autre, et leurs yeux étaient baissés. Entre les anges on voyait un encensoir d'or. Au-dessus de l'arche, où se trouvaient les anges, il y avait une lumière éclatante, qui apparaissait comme un trône où Dieu habitait. Jésus se tenait près de l'arche, et lorsque les prières des saints montaient vers lui, l'encens fumait dans l'encensoir, et il offrait ces prières avec la fumée de l'encens à son Père. Dans l'arche il y avait un vase de manne, la verge d'Aaron qui avait fleuri, et les tables de pierre, qui ressemblaient à un livre. Jésus les sépara, et je vis les dix commandements écrits du doigt même de Dieu. Il y avait quatre commandements sur une table et six sur l'autre. Ceux de la première table étaient plus lumineux que les six autres. Mais le quatrième, celui du sabbat, brillait davantage encore que tous les autres ; car le sabbat a été mis à part pour être gardé en l'honneur du nom du Dieu saint. Le saint sabbat paraissait glorieux — un halo lumineux l'entourait. Je vis que le commandement du sabbat n'avait pas été cloué à la croix. Si cela avait été le cas, les neuf autres l'auraient aussi été ; et nous serions libres de les violer tous, de même que le quatrième. Je vis que Dieu n'avait pas changé le sabbat, car Dieu ne change jamais. Mais le pape, lui, a changé le septième jour au premier jour de la semaine ; car il voulait changer les temps et la loi. » (Ellen G. White, *Premiers Ecrits*, p. 32)

7. Puisqu'il y a eu beaucoup de distorsions au cours des siècles, *l'église* est-elle vraiment une nécessité dans la vie du croyant ? Est-ce que Dieu est d'une manière dans l'église ? (Mt. 16 : 16-19 ; 1 Pi. 2 : 6-10 ; Hé. 12 : 22-23)

_____

_____

_____

_____

L'arche de la sécurité | 67

8. Quelle indication avons-nous que Jésus aime l'église ? (Ép. 5 : 25-27 ; Ap. 1 :12-20)

_____

9. Comment était l'organisation de l'église primitive, qui sert de standard aujourd'hui ? (Ac. 6 : 1-7 ; 14 : 23 ; 15 : 1-3)

_____

_____

10. Comment les membres ont-ils été ajoutés à l'église ? (Ac. 2 : 41-47)

_____

11. Dans l'arche de Noé, huit personnes seulement ont été sauvées. Selon Pierre, quel est l'antitype qui nous sauve maintenant ? (1 Pi. 3 : 18-22)

_____

_____

Nos premiers croyants utilisaient souvent le terme *arche de sécurité* pour désigner l'église. *Ceci est donc la cinquième arche de la Bible !* Le jour de Noé, les personnes qui l'entendaient avaient le choix de monter ou non sur le bateau. Ce n'est pas différent aujourd'hui. Les quatre coffres que nous avons identifiés dans la première leçon étaient et sont des *arches de sécurité*. La citation suivante nous donne un aperçu de l'arche de la sécurité et de notre rôle dans le partage de ce message avec d'autres.

« Il y a du travail à faire pour nos voisins et ceux avec qui nous nous associons. Nous n'avons pas la liberté d'interrompre nos efforts patients et pieux pour les personnes qui se trouvent en dehors de l'arche du salut. Il n'y a pas de répit dans cette guerre. Nous sommes des soldats du Christ et nous sommes dans l'obligation de veiller, craignant que l'ennemi ne profite d'avantages et conserve à son service des avantages que nous pouvons gagner pour Christ. » (Ellen G. White, *Testimonies for the Church*, vol. 5, p. 279)

Réponses au guide d'étude

Leçon 1

À la recherche de l'arche perdue

La quête de l'arche de l'alliance a longtemps fasciné de nombreuses personnes et a été logiquement célébrée dans le film *Les aventuriers de l'arche perdue*. Le sujet de cette leçon porte sur sa perte en premier lieu.

1. Quels sont les trois arches, décrits dans la Bible ? (Ge. 6 : 11-17 ; Ex. 2 : 3 ; 25 : 10)

    a. l'arche de Noé

    b. l'arche (caisse) du bébé Moïse

    c. l'arche de l'alliance

2. L'arche que nous étudions aujourd'hui est la troisième, souvent appelée *l'arche de l'alliance*. Où était cette arche ? (Ex. 25 : 8 ; Hé. 9 : 3-4)

    Dans le lieu très saint du tabernacle

> L'arche faisait partie des meubles du sanctuaire, ou tabernacle, la structure portative qui est devenue le centre de culte pour les Israélites quand ils ont quitté l'Égypte et se sont rendus dans la Terre Promise après environ 400 ans d'esclavage.

3. Comment était l'arche ? (Ex. 25 : 10-15)

    L'arche était une boîte dorée à l'intérieur et à l'extérieur. Elle mesure environ 114 par 68,5 par 68,5 centimètres.

4. Qu'est-ce qui était placé sur le dessus de l'arche ? (Ex. 25 : 17-21 ; Hé. 9 : 5)

    Le propitiatoire avec deux chérubins en or, un de chaque côté. Les chérubins sont des anges, représentant ici les anges les plus proches de Dieu sur son trône céleste.

5. Qu'y avait-il à l'intérieur de l'arche ? (Hé. 9 : 4 ; De. 10 : 2 ; voir aussi 1 R. 8 : 9)

    a. L'urne d'or contenant la manne

    b. La tige d'Aaron qui a fleuri

    c. Les dix commandements ; notez que les dix commandements sont aussi appelés *le témoignage* et *les tablettes de l'alliance*.

6. Quel était le but de l'arche ? (Ex. 25 : 22 ; No. 7 : 89 ; Jg. 20 : 27)

    Cela représentait le trône de Dieu et sa présence parmi son peuple.

À la recherche de l'arche perdue | 73

7. Où est-ce que l'arche est mentionnée dans l'Ancien Testament et que représentait-elle dans l'histoire des Juifs ?

   a. No. 10 : 33-35 - L'arche a précédé les gens pour les guider.

   b. Jos. 3 : 3-17 ; 4 : 5-10 - L'arche a été utilisée quand ils ont traversé le Jourdain.

   c. Jos. 6 : 1-5 - L'arche a été transportée autour de Jéricho.

   d. 1 S.am 4-7 - L'arche a été capturée, puis rendue par les Philistins.

   e. 2 S. 6 : 1-7 - Uzza a touché l'arche et est décédé des suites de sa désobéissance.

   f. 1 R. 8 : 1-11 - L'arche a été placée dans le temple de Salomon.

8. Qui a détruit le temple de Salomon et que peut-il être arrivé à l'arche ? (2 Ch. 36 : 15- 21 ; Esd. 5 : 13-15 ; 6 : 1-5, 14, 15)

   Les Babyloniens pillèrent le temple lorsqu'ils capturèrent Jérusalem. Puis l'arche a disparu.

> Un commentateur a écrit : « Parmi les justes qui se trouvaient encore à Jérusalem et qui connaissaient les desseins de Dieu, quelques-uns étaient déterminés à placer hors d'atteinte des mains impitoyables de l'ennemi l'arche sainte contenant les tables de pierre sur lesquelles étaient gravés les préceptes du Décalogue. Ils réussirent à mettre leur projet à exécution. Tristes, versant des larmes, ils enlevèrent secrètement l'arche et la cachèrent dans une grotte. Elle devait rester là, dans cet endroit ignoré du peuple d'Israël et de Juda, à cause de leurs péchés ; et elle ne leur serait plus jamais restituée. Cette arche sainte est toujours cachée ; elle n'a jamais été déplacée depuis lors » (Ellen G. White, *Prophètes et Rois*, p. 346).

> Il y a aussi un passage à ce sujet dans le livre apocryphe de 2 Maccabées 2 : 4-8, se plaignant de ce que Jérémie a caché l'arche, l'autel de l'encens et même le tabernacle, dans une grotte du mont Nebo. Cela nous semble difficile car Nebo et le village voisin de Madaba sont aujourd'hui en Jordanie, au-delà du Jourdain et à des kilomètres de Jérusalem. À cette époque, il n'y avait pas de tabernacle, car il avait été remplacé bien des années auparavant par le temple de Salomon.

9. Une quatrième arche apparaît dans la Bible dans un endroit très surprenant. Où est cette arche ? (Ap. 11 : 19)

    Elle reste au paradis !

> L'arche céleste sera l'étude d'une future leçon. L'arche terrestre est probablement cachée dans une tombe quelque part en Israël. Fait intéressant, le site du temple à Jérusalem est maintenant occupé par le Dôme du Rocher, un lieu sacré islamique (voir photo).

10. Où serait le roi David ? (Ps. 27 : 4 ; 69 : 9 ; 84 : 10 ; 122 : 1)

    Le roi David se réjouit d'être en présence du Seigneur dans sa maison, qui à cette époque était encore le tabernacle.

11. Sur quelle arche devrais-je me concentrer maintenant ? (Hé. 8 : 1-2 ; 9 : 11-12)

    Le reste de notre étude se concentrera sur le sanctuaire céleste et l'arche où Jésus exerce son ministère avant de revenir sur cette terre.

Leçon 2

Jésus dans le sanctuaire

Aucune étude de l'arche ne serait complète sans la compréhension du sanctuaire, également appelé tabernacle ou temple. *Sanctuaire* signifie *lieu saint*. Ce n'était pas une église ou un lieu de réunion, mais un outil visuel précieux dans le but d'enseigner aux gens les principes de base du salut et le plan de Dieu pour restaurer toutes choses.

1. Pourquoi est-il important de comprendre le message du sanctuaire ? (Ps. 73 : 1-17)

    Lorsqu'il est bien compris, le sanctuaire répond aux *grandes questions* sur l'existence du mal et le problème de la souffrance humaine.

2. Quand est-il allé au temple pour la première fois ? (Lu. 2 : 21-40)

    Lorsque bébé, il a été présenté au temple.

3. Quand est-il allé au temple pour la seconde fois ? (Lu. 2 : 41-52)

    Quand il a eu 12 ans, comme tous les garçons juifs, il a été autorisé à participer au service de la Pâque. Il a voyagé avec Marie et Joseph à Jérusalem lorsqu'il est devenu majeur, conformément à la coutume juive.

4. Qu'aurait-il pensé quand il a observé les sacrifices d'animaux ? (Jn. 1 : 29 ; Ap. 5 : 6-14)

> Le Saint-Esprit l'a impressionné qu'il était l'Agneau de Dieu qui sauverait le peuple de ses péchés.

> « Pour la première fois, l'enfant Jésus vit le temple. Comme il parcourait ses parvis, il vit les sacrificateurs officiant, et, sur l'autel, la victime sanglante. Avec les adorateurs assemblés, il s'inclina et ajouta ses prières au nuage d'encens qui montait devant Dieu. Il comprenait la signification de ces rites solennels et savait qu'ils devaient trouver leur accomplissement dans son propre sacrifice pour les péchés du monde. L'intelligence humaine était incapable de concevoir quelles étaient les méditations du Fils de Dieu » (Ellen G. White, *La Vie de Jésus-Christ*, p. 39).

5. Quand le système sacrificiel a-t-il été introduit et dans quel but ? (Ge. 3 : 7, 21 ; 4 : 3-5 ; 22 : 1-4 ; Ex. 12 : 3-14)

> Dieu a présenté le système sacrificiel à Adam et Ève et à leurs descendants après leur départ du jardin d'Éden. Après l'Exode, il l'a consacré aux services du sanctuaire. Les sacrifices symbolisaient que la peine du péché était la mort (Romains 6 : 23).

6. Jésus a souvent enseigné au temple de Jérusalem pendant son ministère. À une occasion particulière, il a utilisé les rites du sanctuaire pour expliquer certaines choses sur lui-même. Quelle vérité avez-vous partagé avec le peuple ? (Jn. 7 : 37-39 ; És. 55 : 1)

> Il a dit aux gens qu'il était l'eau de la vie, le seul qui puisse satisfaire (voir aussi Jn. 4 : 13, 14).

Un commentaire biblique nous donne la compréhension suivante : « Après leur établissement dans la terre de Canaan, les Israélites célébrèrent avec des démonstrations de joie le miracle de l'eau jaillissant du rocher. Aux jours du Sauveur, cette célébration était devenue une cérémonie très impressionnante. Elle avait lieu, à Jérusalem, lors de la fête des tabernacles, devant le peuple rassemblé. Chaque jour de la fête, c'est-à-dire sept jours d'affilée, les prêtres sortaient de la ville, la musique et le chœur des Lévites en tête, et se rendaient à la source de Siloé. Une longue procession suivait le cortège. Tous ceux qui pouvaient s'approcher de la source s'y désaltéraient, tandis que retentissaient les strophes du cantique : "Vous puiserez des eaux avec joie aux sources du salut." L'eau recueillie par les prêtres dans un vase d'or était portée au temple au son des clairons et de l'hymne solennel :

Nos pas s'arrêtent
Dans tes portes, ô Jérusalem !

Puis, toujours avec des cantiques de louanges, chantés en triomphe par la foule et accompagnés d'instruments de musique et du son des trompettes retentissantes, l'eau de Siloé était répandue sur l'autel des sacrifices.

Pour attirer l'attention des Israélites sur les bienfaits qu'il était venu leur apporter, le Sauveur fit un jour allusion à cette cérémonie commémorative. "Le dernier et grand jour de la fête". Jésus, d'une voix qui retentit à travers les parvis du temple, fit entendre cette parole : "Si quelqu'un a soif, qu'il vienne à moi, et qu'il boive. Qui croit en moi, des fleuves d'eau vive couleront de lui, comme l'Écriture le dit." L'apôtre Jean ajoute : "Il disait cela de l'Esprit que devaient recevoir ceux qui croiraient en lui." Une eau fraîche et limpide jaillissant d'une terre brûlée et stérile qu'elle couvre d'un tapis de verdure émaillé de fleurs, et qui rend la vie à ceux qui périssent, tel est l'emblème de la divine grâce que Jésus peut seul apporter aux âmes qu'elle purifie. Celui en qui Jésus demeure possède en lui-même une source intarissable de grâce et de joie ; son sentier en est illuminé. L'amour du Sauveur y fait mûrir des fruits de bonté et de justice qui rafraîchiront les âmes altérées et les conduiront à la vie éternelle.

> Jésus, près du puits de Jacob, avait employé la même image dans sa conversation avec une femme de Samarie. "Celui qui boira de l'eau que je lui donnerai, dit-il, n'aura plus jamais soif. L'eau que je lui donnerai deviendra en lui une source qui jaillira jusqu'à la vie éternelle." En sa personne, le Sauveur réunit les deux images : il est à la fois le rocher et l'eau vive » (Ellen G. White, *Patriarches et Prophètes*, pp. 392, 393).

7. Comment le message du sanctuaire révèle-t-il le vrai caractère de Dieu ? (És. 14 : 12-14 ; Ez. 28 : 12-19 ; Ap. 12 : 7-9)

   Depuis que la guerre a éclaté au ciel, Satan a œuvré pour diffamer Dieu et ternir son caractère. Le grand conflit ainsi que la disposition du péché et de Satan sont entièrement décrits et compris à travers le sanctuaire.

8. Quel événement dans le ministère du Christ a spécialement montré son respect pour le sanctuaire ? (Mt. 21 : 12, 13 ; Jn. 2 : 13-16)

   Expulser les changeurs qui profanaient le temple en achetant et en vendant.

9. Qu'est-il arrivé à la mort de Christ, montrant clairement comment les services du sanctuaire terrestre avaient rempli leur mission et que maintenant ils avaient complètement perdu leur sens ? (Mt. 27 : 45-51)

   Quand Christ est mort, le voile du temple a été déchiré de haut en bas par une main invisible.

10. Quelle est la relation de Christ avec le sanctuaire au ciel ? (Hé. 7 : 28—8 : 6)

    Aujourd'hui, il est notre grand prêtre dans le sanctuaire céleste.

11. Le message du sanctuaire est la clé pour comprendre le livre de l'Apocalypse. Que nous enseignent les passages suivants sur le sanctuaire céleste ?

   a. Ap. 1 : 10-20 - Les sept chandeliers, comme les sept branches du chandelier dans le sanctuaire, sont les sept églises (Ap. 1 : 20). Ici, nous voyons le Christ marchant parmi les chandeliers (Ap. 2:1), montrant son grand amour et son souci pour son peuple.

   b. Ap. 4 : 1-6 - Le prélude aux sept sceaux révèle le trône majestueux du sanctuaire céleste, sa dignité en tant que Créateur et son droit de porter des jugements imminents sur la terre.

   c. Ap. 11 : 18-19 - À la fin des sept trompettes, le temple de Dieu est ouvert au ciel et l'arche de l'alliance céleste est vue. Cela nous montre que le sanctuaire céleste, longtemps ignoré par les humains, jouera un rôle important dans les événements de la fin des temps.

   d. Ap. 15 : 1-6 - Dans ce prélude aux sept dernières plaies du chapitre 16, les jugements de Dieu émanent du temple céleste.

   e. Ap. 21 : 22 - Enfin, il n'y a plus de temple ! Toutes les grandes lignes de la prophétie de l'Apocalypse émanent du sanctuaire céleste, et le livre lui-même est plein d'allusions. Ainsi, la révélation s'anime pour ceux qui comprennent le sanctuaire.

Leçon 3

Jesus prédit la destruction du temple

Dans la leçon précédente, nous avons vu comment le sanctuaire présente les doctrines chrétiennes les plus fondamentales—le salut par le sacrifice expiatoire du Christ—mais que ce processus d'expiation ne serait pas complet sans Sa seconde venue, que nous étudierons dans cette leçon.

1. Les disciples étaient très fiers du temple. Sa façade en marbre brillant et son beau mobilier occupaient le point culminant de Jérusalem. Un jour que les disciples faisaient un tour du temple avec Jésus, il fit une prédiction surprenante (Mt 24 : 1-2). Quelques instants plus tard, assis sur une colline proche, quelle question ont-ils demandé à Jésus ? (Mt 24 : 3)

    « Dis-nous, quand ces choses seront-elles ? Et quel sera le signe de ton arrivée et de la fin des temps ? » Ils associaient évidemment un événement aussi important à la fin du monde.

2. Le temple a-t-il déjà été détruit ? Retracez cette courte histoire du temple juif.

    a. 2 S. 7 : 1-13 - David voulait construire un temple, mais Dieu ne le permit pas.

    b. 1 R. 7 : 51—8 : 5 - Le temple fut finalement construit et dédié par le roi Salomon.

Jesus prédit la destruction du temple | 81

   c. 2 Ch. 36 : 15-21 - En raison de l'infidélité d'Israël, le temple fut détruit par les Babyloniens en 586 av.

   d. Esd. 3 : 10-13 - Le temple a été reconstruit après 70 ans de captivité à Babylone, puis entièrement rénové et agrandi sous le règne du roi Hérode le Grand.

3. Nous avons vu le grand respect de Jésus pour le temple dans la leçon précédente, mais comme les Juifs ont généralement rejeté leur Messie, le temple a de nouveau été condamné. Matthieu 23 contient une série de «lamentations» contre les scribes et les pharisiens. Que dit Jésus à propos de Jérusalem dans les versets 37-39 ?

   Il a dit que leur maison serait dévastée. En d'autres termes, Israël en tant que nation ne serait plus jamais la nation choisie par Dieu, même si les Israélites pris individuellement étaient certainement les bienvenus dans le nouvel Israël spirituel, l'église chrétienne.

4. Quelles étaient les deux parties de la question des disciples dans Matthieu 24 : 3 ? Et quelle a été la réponse de Jésus dans les versets suivants ?

   La réponse de Jésus a impliqué deux éléments, la destruction de Jérusalem et la fin du monde—un événement dans leur esprit, mais en réalité deux événements séparés. Cela illustre le principe de la dualité de réalisation qui s'applique à de nombreuses prophéties.

> Dans une version des terribles destructions qui ont eu lieu en 70 après JC sous le général Tito, il a déclaré : « L'aveugle obstination des chefs juifs et les crimes affreux perpétrés dans la ville assiégée excitèrent à tel point l'horreur et l'indignation des soldats romains que Titus finit par se décider à prendre le temple d'assaut, résolu toutefois à le conserver s'il était possible. Mais ses ordres furent négligés. Un soir, à peine s'était-il retiré dans sa tente que les Juifs, sortant du temple, attaquèrent les assaillants. Dans la chaleur du combat, un soldat jeta un brandon allumé à travers le portique. Bientôt, les

> salles boisées de cèdre qui entouraient le temple furent la proie des flammes. Accourant en hâte sur les lieux avec ses légionnaires, Titus donna l'ordre de combattre l'incendie. Il ne fut pas obéi. Dans leur rage, les soldats passèrent au fil de l'épée un grand nombre de ceux qui s'étaient réfugiés dans le lieu sacré. Le sang coulait comme de l'eau sur les marches du temple. Des milliers de Juifs périrent. Le bruit de la bataille était dominé par des voix qui disaient : *"I-Kabod !"* c'est-à-dire : la gloire s'en est allée » (Ellen G. White, *La Tragédie des Siècles*, p. 34).

5. En lisant Matthieu 24, combien de signes s'appliquent à la destruction de Jérusalem ou à la seconde venue de Christ, ou aux deux événements ?

    Bon nombre de ces signaux seraient liés aux deux événements. Par exemple, nous connaissons plusieurs faux messies apparus avant la destruction de Jérusalem, et Paul a dit dans Colossiens 1 : 23 que l'Évangile serait prêché au monde entier à son époque, du moins dans le monde dont il était au courant.

6. Quel avertissement Jésus nous-at-il donné à la fin de son discours dans Matthieu 24 : 44 ?

    Il les a prévenus de toujours être prêts.

7. Y a-t-il plusieurs paraboles sur *être prêt* dans Matthieu 22 et 25 ? Quelles leçons en découlent ?

    a. Le festin de noces (Mt. 22 : 1-14) - Nous devons accepter la robe de mariée, la justice par la foi.

    b. Les dix vierges (Mt. 25 : 1-13) - Nous avons besoin de *d'huile* du Saint-Esprit pour nous préparer au retour de l'époux.

    c. Les talents (Mt. 25 : 14-30) - L'importance "d'investir" au service de Dieu. Quand nous faisons cela, il nous bénit avec plus de talents.

Jesus prédit la destruction du temple | 83

   d. Le Grand Jugement (Mt. 25 : 31-46) - Nos œuvres de compassion et de charité sont notées au ciel.

> Notez que, selon certaines paraboles de Jésus, la séparation entre les injustes et les sauvés se produit uniquement à la fin du monde, et non pas au moment de la mort. (Mat 13 : 24-30, 38-43 ; 13 :47-50 ; 25 : 31-33).

8. Comment la Bible décrit-elle la seconde venue du Christ ? (1 Th. 4 : 13-18 ; 1 Co. 15 : 51-54)

   Les Écritures décrivent la seconde venue comme une venue visible, littérale, dans laquelle tous les yeux le verront. Il n'y aura pas d'enlèvement secret.

9. Qu'entend-on par l'expression *voleur dans la nuit* ? (1 Th. 5 : 2 ; 2 Pi. 3 : 10)

   Quand il reviendra, Jésus prendra le monde par surprise.

10. Dieu nous a promis une nouvelle terre où nous serons finalement libérés de Satan et du péché. Quelles caractéristiques distinguent le royaume de Dieu, de quoi jouirons-nous pour l'éternité ? (Ap. 21 : 4)

    Il n'y aura pas de mort, pas de pleurs, pas de chagrin au ciel. Cela n'a aucun sens d'imaginer que la nouvelle terre serait autrement. Avec Satan, le péché et les pécheurs complètement éradiqués, nous serons enfin libres !

Leçon 4

L'alliance de l'arche

Il existe un malentendu dans le monde chrétien au sujet des alliances de Dieu avec son peuple. Cette leçon explorera la Bible avec des informations importantes sur la nouvelle alliance.

1. L'arche dans le sanctuaire / tabernacle / temple était appelée *l'arche de l'alliance*. Ce terme se retrouve plusieurs fois dans la Bible. À qui appartenait l'arche ? (No. 10 : 33 ; Jos. 3 : 11)

   C'était l'arche du Seigneur de toute la terre.

> Notez que lorsque *Seigneur* est écrit dans la Bible, il remplace le mot *Jéhovah* ou *Yahweh* dans l'hébreu original.

2. En termes généraux, qu'est-ce qu'une alliance ? (Ge. 9 : 12-17)

   Alliance est un terme relationnel. C'est un accord entre deux ou plusieurs parties, avec des termes énoncés. Le mariage est un pacte, tout comme les contrats de vente, les traités entre parties en conflit, les contrats de toutes sortes, etc. Dans ce cas, Dieu a fait alliance de sauver son peuple.

3. Comment appelons-nous l'alliance de Dieu avec l'humanité ? (Hé. 13 : 20)

   L'alliance éternelle de l'amour de Dieu.

4. Pourquoi l'arche s'appelait-elle *l'arche de l'alliance* ? (Ex. 34 : 28)

   Parce qu'il contient les paroles de l'alliance, la loi de Dieu telle qu'elle est écrite dans les Dix Commandements et le propitiatoire.

L'alliance de l'arche | 85

5. Il existe de nombreuses alliances dans la Bible, mais dans cette étude, nous allons nous concentrer sur les alliances qui concernent notre salut. Que pouvons-nous apprendre des alliances suivantes ?

   a. L'ancienne alliance entre Dieu et l'homme (Ge. 2 : 16-17) - L'alliance dans le jardin d'Éden était *d'obéir et de vivre ; désobéis et meurs.*

   b. La nouvelle alliance après leur péché (Ge. 3 : 15) - Après la chute, la *nouvelle alliance* était la promesse d'un Sauveur.

   c. Une preuve de l'ancienne alliance (Ex. 19 :4-8 ; 24 : 3-7) - Lorsque les Israélites ont été délivrés d'Égypte, Dieu les a appelés à l'obéissance et à une vie de pureté en le suivant. Cependant, il ne fallut pas longtemps avant qu'ils ne rompent l'alliance et se tournent vers un dieu qu'ils pourraient voir (Ex 32 : 19).

   d. La nouvelle alliance, consacrée dans l'arche (Ex. 25 : 8-22) - Notez particulièrement les versets 16 et 21, qui traitent de la loi et du propitiatoire.

6. Les deux principes éternels du caractère et du royaume de Dieu sont une justice parfaite (basée sur la loi) et une miséricorde parfaite. Quels sont certains des événements majeurs de l'histoire biblique qui retracent ces principes coexistants ?

   a. Ge. 3 : 7, 21 - Feuilles de figue contre peaux d'animaux

   b. Ge. 4 : 3-5 - Les efforts de l'homme par rapport aux actes de foi

   c. Ge. 22 : 7-14 - Le test suprême d'Abraham et le principe de l'expiation de substitution

   d. Ex. 29 : 38-39 ; Lé. 1 : 1-5 - Le système sacrificiel dans le cadre des services du sanctuaire

   e. Mt. 27 : 46-51 - La mort de Jésus l'Agneau de Dieu

7. Quel beau terme pour l'alliance est utilisé dans la Bible pour décrire la relation chrétienne d'une personne avec le Sauveur ?

   a. És. 54 : 5 - Dieu est notre Créateur et notre mari.

   b. Ap. 21 : 9-10 - Nous sommes l'épouse de Christ.

   c. Ép. 5 : 22-32 - La relation conjugale est un symbole de notre union avec le Christ.

8. Les personnes de l'Ancien Testament ont-elles été sauvées différemment de celles du Nouveau Testament ? (És. 55 : 6-7 ; Ps. 51)
   Beaucoup luttent avec le concept d'œuvres contre la foi, de loi contre la grâce, etc., mais le fait demeure qu'il n'y a pas d'autre moyen d'être sauvé que par la grâce ! Les gens des deux côtés de la croix ont essayé le salut par leurs œuvres, que ce soit de bonnes actions ou des rituels religieux, mais nos œuvres ne sont jamais bonnes ou suffisantes ! Seul le sang de Jésus peut sauver.

9. Quelles sont les distinctions importantes entre les dix commandements et la loi cérémonielle ?

   a. Les dix commandements (Ex. 25 : 16, 21 ; 31 : 18 ; 40 : 20 ; De. 9 : 10) - Les dix commandements ont été écrits par le doigt de Dieu sur des tablettes de pierre et placés dans l'arche.

   b. La loi cérémonielle (De. 31 : 26) - La loi cérémonielle était écrite sur des rouleaux et placée à côté de l'arche.

10. La loi cérémonielle est-elle toujours applicable ? (Hé. 9 : 9-12 ; Col. 2 : 14 ; Ép. 2 : 15 ; He 10 : 1)
    La *loi de Moïse* contient de nombreuses ordonnances concernant la vie civile, le mariage, la santé, etc., dont beaucoup sont intemporelles et ont encore de la valeur, mais n'ont qu'un impact indirect sur notre salut. Les lois concernant les cérémo-

nies qui annonçaient la mort de Jésus ont cessé d'être valables à la mort de Christ.

11. La loi morale, les dix commandements, est-elle toujours applicable ? (Ps. 19 : 7 ; És. 42 : 21 ; Mt. 5 : 18 ; Ro. 7 : 12 ; 3 : 31)

    Les principes moraux des dix commandements sont toujours en vigueur. Ils sont le propre caractère de Dieu exprimé sous forme de lois. Sans eux, nous n'aurions aucune indication concernant notre comportement humain. Y adhérer, avec l'aide du Christ, est notre objectif. Et lorsque nous échouons, nous avons un Sauveur qui est prêt à nous pardonner et à nous diriger dans la bonne direction ! Si nous abolissions cette loi, nous n'aurions pas besoin d'un Sauveur et d'aucune base pour le jugement final.

12. Quels principes de la nouvelle alliance sont importants pour nous aujourd'hui ?

    a. Jer 31 : 31-34 ; Eze 36 : 26-27 - Dieu veut l'écrire dans nos cœurs.

    b. Lu. 22 : 20 - La Sainte Cène nous rappelle la nouvelle alliance chaque fois que nous l'observons.

    c. Hé. 8 : 1-6 ; Ap. 11 : 15-19 - Jésus est maintenant le médiateur de la nouvelle alliance.

13. Comment puis-je commencer mon cheminement avec Christ et entrer dans une relation d'alliance avec lui ? (Ac. 16 : 31 ; Ro. 10 : 9 ; Col. 2 : 12 ; Ga. 3 : 27)

    Nous devons croire en Dieu et confesser nos péchés pour accepter son don de salut. Nous pouvons ensuite être baptisés en tant que démonstration publique de notre engagement à mourir pour soi et à vivre pour Dieu.

Leçon 5

L'environnement de l'arche

L'arche de l'alliance n'était que l'une des caractéristiques du sanctuaire. Cette leçon se concentre sur les autres articles du mobilier et leur signification. Dieu, qui a conçu le sanctuaire en premier lieu, a donné à chaque objet un sens profond. Après tout, le sanctuaire n'était pas une église ou un lieu de rencontre, comme nous le pensons aujourd'hui, mais comme mentionné dans la leçon 2, le sanctuaire était une aide visuelle conçue divinement, dont le but était de décrire diverses facettes de son caractère et de son plan gracieux pour sauver l'humanité déchue.

1. D'où est venu le projet du premier sanctuaire et du premier tabernacle ? (Ex. 25 : 1-9 ; 26 : 30)

    Dieu a donné un projet détaillé à Moïse et Moïse en a dirigé la construction. Notre Dieu "invisible" avait besoin d'une certaine visibilité parmi le peuple pour son propre bénéfice (Ex 29 : 42-43). Plusieurs religions avaient leurs temples et leurs faux rituels, et les Israélites n'étaient pas différents. Beaucoup ont profité de la possibilité de rencontrer Dieu en se concentrant sur les rituels.

2. Voyez-vous quelque chose d'unique dans l'aperçu du tabernacle donné par Paul dans Hébreux 9 : 1-10 ? (Voir aussi Ex. 31 : 1-11 ; 30 : 6)

    Notez le mot *symbolique* au verset 9. Il devrait être temporaire *jusqu'au moment de la réforme*. Pas seulement le sanctuaire et ses meubles, mais chaque service et rituel accompli comportait une prophétie d'événements futurs dans le plan du salut.

3. Dieu est un Dieu de détails. Aucun élément du sanctuaire n'était laissé à l'imagination des ouvriers. Quelles fonctions attribuez-vous à chaque région ?

   a. La cour (Ex. 27 : 9-19) - Définie de tous les côtés par de beaux rideaux dans un cadre entrelacé de laiton et d'argent. De plus, notez qu'il y avait une raison très spéciale pour laquelle l'entrée du sanctuaire était toujours à l'est. C'était afin que les gens qui venaient le matin, dos au soleil, soient exactement à l'opposé des temples païens où le culte du soleil était pratiqué.

   b. Le Tabernacle lui-même (Ex. 26) - Le tabernacle lui-même était également constitué de beaux rideaux et de peaux d'animaux, à la fois autour et au-dessus, ainsi que d'un encadrement en bois d'acacia.

   c. Le voile (Ex. 26 : 31-35 ; 30 : 6) - Le voile séparait le lieu saint du lieu très saint et veillait particulièrement à le broder de figures d'anges.

   d. L'autel de l'holocauste (Ex. 27 : 1-8) - L'autel de l'Holocauste était dans la cour et était le lieu des animaux offerts en sacrifice.

   e. La cuve (Ex. 30 : 17-21) – La cuve *était* un lieu de lavage pour les prêtres avant d'entrer dans le lieu saint.

    f. La table des pains de proposition (Ex. 25 : 23-30) - C'était une table en bois d'acacia recouverte d'or, sur laquelle étaient placés quotidiennement les pains spéciaux sans levain.

    g. Le chandelier d'or (Ex. 25 : 31-40) - Il avait sept bougies, pas neuf comme la menorah juive actuelle.

    h. L'autel de l'encens (Ex. 30 : 1-10) - Bien que l'autel de l'encens se trouvait physiquement dans le lieu saint, il était considéré comme faisant partie du lieu très saint (voir Hé. 9 : 3-4).

    i. L'Arche de l'Alliance (Ex. 25 : 10-22) - La leçon à tirer de l'arche est que justice et miséricorde sont parfaitement combinées.

    j. La robe du prêtre (Ex. 28 : 29-30 ; No. 4 : 6-10) - Le prêtre était habillé de manière à représenter le peuple devant Dieu et Dieu devant le peuple.

4. Entrons maintenant dans le sanctuaire. Comment les choses suivantes ont-elles pointé à Jésus ?

    a. L'autel de l'holocauste (Jn. 1 : 29 ; Hé. 7 : 25-27 ; 9 : 12) - Jésus est l'Agneau de Dieu.

    b. Le lustre doré (Jn. 8 : 12) - Jésus est la lumière du monde.

c. La table du pain de proposition (Jn. 6 : 41-51) - Jésus est le pain de vie.

d. Le prêtre (Hé. 8 : 1-2 ; 9 : 11-12, 14) - Jésus est à la fois le sacrifice et le prêtre.

5. Deux principaux types de sacrifices ont été offerts dans le sanctuaire. Quels étaient-ils ?

   a. Ex. 29 : 38-46 - Des sacrifices du matin et du soir pour la congrégation dans son ensemble.

   b. Lé. 4 : 1-6 - Chaque pécheur pouvait apporter un sacrifice.

6. Six convocations sacrées spéciales ou fêtes étaient observées tout au long de l'année civile, trois au printemps et trois à l'automne. Que voulaient-elles dire ?

   a. La Pâque et le pain azyme (Lé. 23 : 4-8 ; 1Co 5 : 7) - La mort du Christ

   b. La fête des prémices (Lé. 23 : 9-14 ; Mt 27 : 50-53) - La résurrection du Christ

   c. La fête des semaines / Pentecôte (Lé. 23 : 15-22 ; Ac. 2 : 1-4) - La venue du Saint-Esprit

   d. La fête des trompettes (Lé. 23 : 23-25) – La préparation au jugement final

   e. Le jour des expiations (Lé. 23 : 26-32 ; 16 : 29-30) - Le jour du jugement

   f. La fête des tabernacles (Lé. 23 : 33-44) - Notre délivrance finale

7. Notez que le sabbat hebdomadaire est mentionné séparément dans Lévitique 23 : 3. Pourquoi pensez-vous que samedi est mis en avant ?

    Le sabbat est souligné car le sabbat des dix commandements ne faisait pas partie de la loi cérémonielle. Le sabbat avait été donné avant le péché.

8. Au fur et à mesure que nous étudions le sanctuaire, il devient de plus en plus évident que Dieu essaie de nous enseigner deux grands principes du salut. Quels sont les deux principes ?

    a. Le plan de Dieu pour nous sauver en tant qu'individu.

    b. Le plan de Dieu pour sauver la planète Terre et restaurer son royaume.

9. Comment cela est-il décrit dans le schéma général du sanctuaire ?

    a. Le lieu saint et le service *quotidien* (Hé. 9 : 6) - Chaque jour, le prêtre offrait l'expiation pour des particuliers dans l'exercice de son ministère dans le lieu saint.

    b. Le lieu très saint et le service *annuel* (Hé. 9 : 7) - Une fois par an, le jour des expiations, le grand prêtre officiait dans un service qui représentait la disposition finale du péché et de Satan. Nous étudierons cela en détail dans la prochaine leçon.

10. Quelle leçon importante peut-on tirer du sanctuaire, en particulier du lustre en or ? (Ps. 119 : 105)

    Priez pour que vous laissiez toujours la Parole de Dieu être votre lampe, éclairant le chemin de votre vie, jusqu'à ce que Jésus revienne !

Le Sanctuaire Terrestre

« *Le sanctuaire était et est le drame et la prophétie.* »

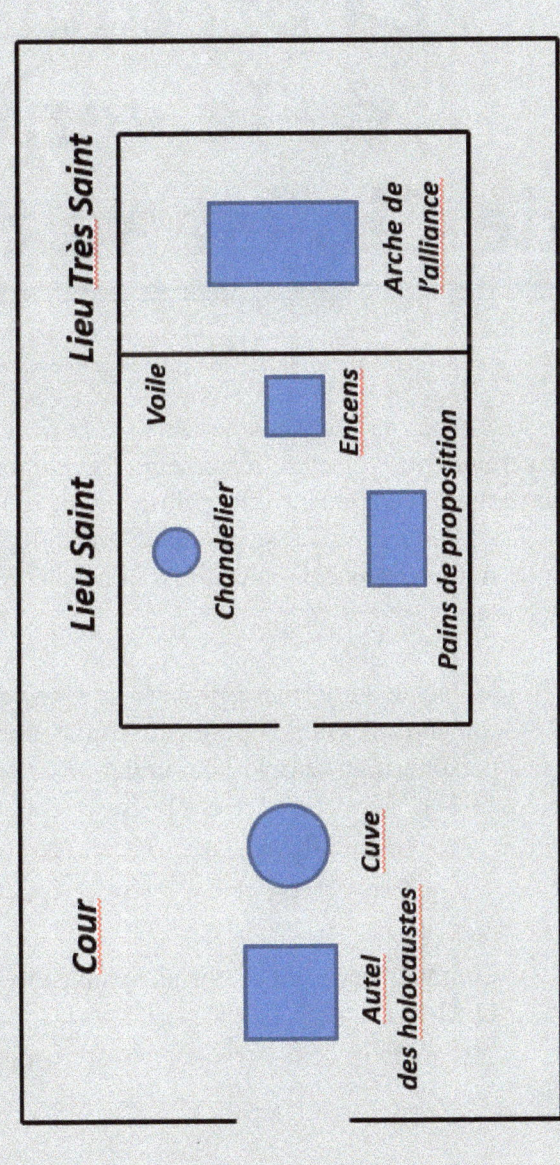

Leçon 6

La prédiction de la venue de Christ au temple

Nous espérons que vous découvrirez la richesse du symbolisme dans le sanctuaire de l'Ancien Testament. De nombreux chrétiens ignorent cette partie et se concentrent exclusivement sur le Nouveau Testament. Mais il y a tellement d'enseignements merveilleux que nous négligeons lorsque nous faisons cela, y compris la prédiction de la venue de Christ au temple.

1. Malachie, le dernier prophète de l'Ancien Testament, écrit environ 400 ans avant l'époque de Christ, annonçait la venue de *deux* personnes au temple. Qui étaient-ils ? (Mal. 3 : 1 ; Mt. 3 : 1-3, 13-17)

   Les deux individus étaient Jean-Baptiste et Jésus. Remarquez le mode de baptême en relation avec Jean et Jésus.

2. Comment Jésus a-t-il affirmé le ministère de Jean-Baptiste ? (Mt. 11 : 7-11)

   Il a appelé Jean le plus grand des prophètes.

La prédiction de la venue de Christ au temple | 95

3. Quelle prophétie de Malachie Jésus a-t-il établi en lien avec Jean-Baptiste ? (Mal. 4 : 5-6 ; Jn. 1 : 19-23 ; Mt. 11 : 12-14)

De nombreux érudits de la Bible pensent que Malachie 4 : 5-6 n'a été que partiellement réalisé à cause des mots « avant la venue du grand et terrible jour du Seigneur ». Il reste un *message d'Élie* pour notre époque.

4. Jésus est-il venu sur terre à un moment particulier de l'histoire ? (Ga. 4 : 4-5 ; Mc. 1 : 14-15)

Absolument ! Dieu est un Dieu d'ordre et de conception. Rien ne le prend par surprise.

5. La Bible contient quelques prophéties liées à une époque particulière et nous allons en examiner une. Quel précédent avons-nous pour interpréter le facteur temps d'une certaine manière ? (Ez. 4 : 1-6)

Il est bon de rappeler ici que la nation, à cause de la guerre civile des siècles plus tôt, s'était scindée en deux parties : Juda et Israël. Israël était le royaume du nord et, à cause de leur apostasie, Dieu leur permit d'être envahi et détruit par l'Assyrie en 722 av. Judah fut assiégé par les Babyloniens en 605 av. J.-C. et leur peuple envoyé en exil (voir aussi Nombres 14 : 34).

6. Ceci est donc le principe du *un jour par an*, qui peut être appliqué sans danger à de nombreuses prophéties du temps. Daniel était l'un de ces exilés qui se démarquait dans ce scénario et il avait été élevé à la direction du gouvernement babylonien et, plus tard, du gouvernement successif de Perse. Quelle est la séquence des événements décrits dans Daniel 9 ?

   a. Dn. 9 :1-2 ; Jé. 25 : 11, 12 - Daniel a reconnu les écrits inspirés de Jérémie, laissés dans son pays natal, selon lesquels la captivité, durant 70 ans, finirait bientôt.

b. Dn. 9 : 3-19 - Il a jeûné et a prié pour que le Seigneur accomplisse sa parole.

c. Dn. 9 : 20-23 - L'ange Gabriel est venu pour le réconforter et pour l'éclairer au sujet de la *vision*, se référant à la vision de Daniel telle qu'elle est décrite au chapitre 8. Nous étudierons cette vision dans notre prochaine leçon.

7. En examinant le sens des paroles de Gabriel dans Daniel 9, nous voyons une prophétie du temps qui a prédit avec justesse le premier avènement de Christ. Si notre présomption prophétique est vraie, qu'un jour prophétique est égal à une année littérale, combien d'années la prophétie des 70 semaines signifie-t-elle ? Et que signifient les expressions *sont déterminés* et *pour votre peuple* ? (Dn. 9 : 24)

   Le nombre total d'années était de 490 : la période probatoire des Juifs. *Sont déterminés* signifie littéralement *sont coupés*. Et l'expression *à son peuple* fait référence aux Juifs, qui étaient *le peuple de Daniel*.

8. Que devaient-ils accomplir pendant la période de 70 semaines ? Ont-ils réussi ? (Dn. 9 : 24 ; Mt. 23 : 37-39)

   Ils devaient changer de vie et accepter Jésus comme le Messie promis. Le langage utilisé ici par Christ était le langage du divorce, qui était bien connu des Juifs.

9. Quel événement a marqué le début de la prophétie ? (Dn. 9 : 25)

   En 457 avant JC, le roi Artaxerxès de Perse a publié un décret qui rétablissait les Juifs dans leur pays et finançait la reconstruction de Jérusalem.

10. Avons-nous une copie de ce décret qui a été le catalyseur de la prophétie ? (Esd. 7 : 11-26)

    Oui, il y a eu d'autres décrets, mais ceux-ci ont été financés par le roi Artaxerxès.

11. Quand le Messie Jésus viendrait-il dans son temple ? (Dn. 9 : 26)

    Il devrait arriver après 69 semaines.

12. Qu'allait-il arriver au temple quelques années après la mort de Christ ? (Mt. 24 : 1-2, 15-23)

    Il serait détruit par les Romains.

13. Comment Christ "confirmerait-il une alliance pour une semaine" avec les Juifs ? (Mt. 10 : 5-6 ; Ac. 13 : 42-46)

    Pendant sept ans, les Juifs ont été la cible du message évangélique. Cela couvrait trois ans et demi du ministère de Jésus, suivis de trois ans et demi du ministère des apôtres. Après cela, même si les Juifs pouvaient toujours accepter le don du salut de Christ individuellement, les apôtres concentraient leurs efforts sur les Gentils.

14. L'alliance de Dieu avec Israël était-elle conditionnelle ou inconditionnelle ? (De. 28 : 1-2, 15-16)

    Conditionnelle, sans doute.

15. Quand Christ est-il mort au Calvaire ? (Dn. 9 : 27)

    Il est mort en l'an 31 au milieu de la *semaine* prophétique.

16. Quel événement a montré que les sacrifices au temple étaient abolis, du moins aux yeux de Dieu ? (Mt. 27 : 51)

    Au moment où Christ est mort, le voile du temple a été déchiré en deux de haut en bas.

17. Qui est le peuple de Dieu aujourd'hui ? (Ga. 6 : 15-16 ; 3 : 27-29 ; Ro. 9 : 6-8 ; 11 : 5, 13-17, 26)

    Son peuple constitue tous ceux qui croient en Dieu et respectent ses commandements.

    Exemples de prophétie conditionnelle :

    Ex. 19 : 5-8 ; comparer avec 1 Pi. 2 : 9-10

    Lé. 18 : 28

    Mt. 21 : 43 ; 23 : 37

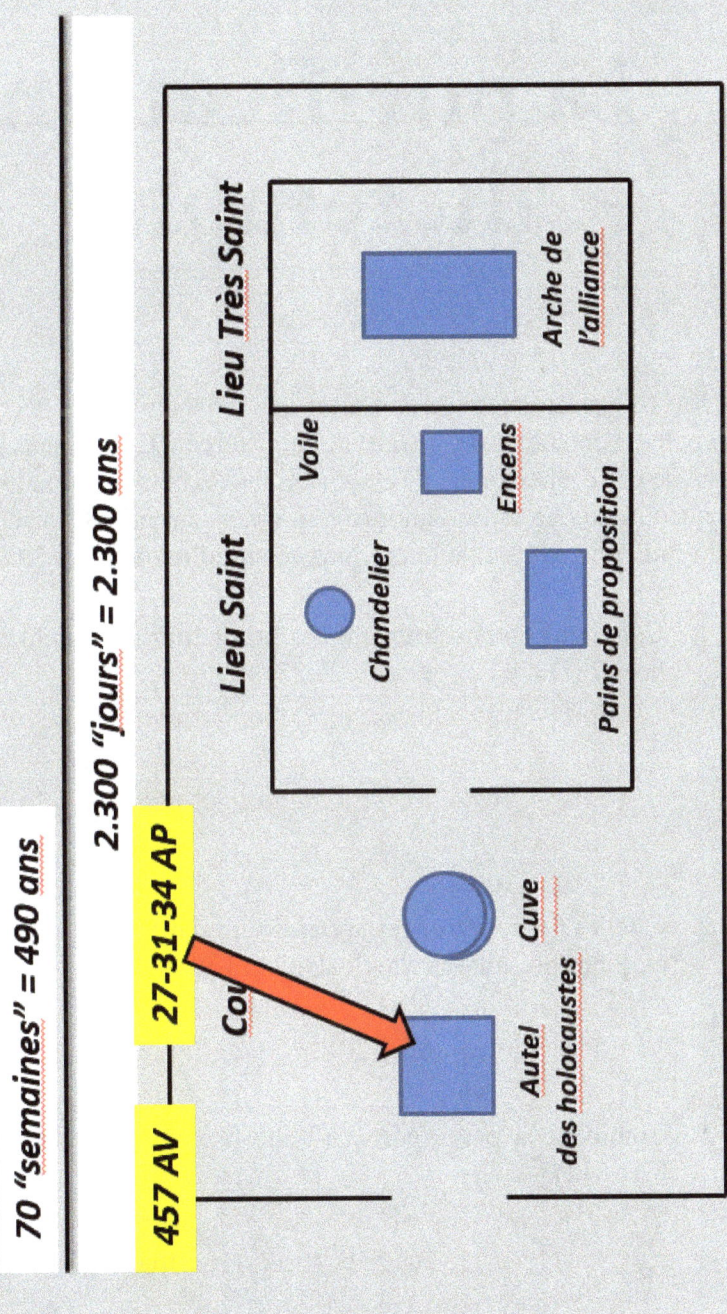

Leçon 7

La purification du temple

N'est-il pas étonnant de constater que le sanctuaire ne décrit pas seulement les événements de la vie et du ministère du Christ, mais le moment même de ces événements ? C'est une nouvelle passionnante qui manque à beaucoup de chrétiens. Aujourd'hui, nous continuons notre démarche pour étudier cette étonnante chronologie prédite dans Daniel 8 et 9.

1. Comment savons-nous que les prophéties de Daniel 8 et 9 sont liées ? (Dn. 8 : 27 ; 9 : 1-3, 20-23)

   Daniel 8 se termine avec Daniel perplexe et confus. Ensuite, Gabriel vient l'éclairer au début de Daniel 9. En outre, le terme spécial hébreu *mareh* (vision), utilisé par Gabriel, relie inextricablement les deux chapitres.

2. Quelles figures étranges apparaissent dans la vision au chapitre 8 et que représentent-elles ? (Dn. 8 : 1-9)

   Le bélier représente la Perse et le bouc représente la Grèce. La petite corne représente Rome, en particulier la papauté.

3. Comment la petite corne a-t-elle profané le sanctuaire ? (Dn. 8 : 10-12)

   La papauté a fait des déclarations arrogantes et blasphématoires et a supprimé le centre du sanctuaire céleste en instituant la confession et la messe.

La purification du temple | 101

4. Combien de temps faudrait-il avant que la vérité du sanctuaire soit restaurée ? (Dn. 8 : 13-14)

> Il serait restauré en 2300 jours prophétiques, ce qui équivaut à 2300 années littérales.

5. Quand cette période a-t-elle commencé ? (Dn. 9 : 25)

> Cela a commencé en 457 av. En d'autres termes, les 70 semaines prévues pour les Juifs ont été *interrompues* à partir du début des 2 300 jours.

6. Les Juifs ont bien compris que le terme *purification du sanctuaire* désignait le jour des expiations, qui signifiait à son tour le jugement. Une fois par an, le spectacle était reconstitué lors d'une cérémonie centrée sur le Lieu très saint. Que voulait dire cette cérémonie ? (Lé. 23 : 26-32 ; 16 : 29-33)

> Cette cérémonie signifiait la mort expiatoire de Christ (la chèvre du Seigneur), le rejet du péché sur la tête de l'agresseur, Satan (le bouc émissaire ou Azazel), son bannissement et sa mort.

7. Les cérémonies du sanctuaire sont divisées en deux parties—les services *quotidiens* et *annuels*. Qu'est-ce qui était représenté par les services quotidiens ? (Mc. 15 : 33-39)

> La mort de Christ pour nos péchés et son ministère céleste.

8. Donc, si le service quotidien est prophétique, que fournit le service annuel ? (Ap. 20 : 11-15)

> Le service annuel prévoyait le jugement final et la disposition du péché et de Satan, la finalisation de la grande controverse et la restauration complète de la terre et de l'univers.

9. Observez la prophétie de Daniel sur le jugement. Que se passe-t-il avant que le Christ revienne sur terre ? (Dn. 7 : 9-10 ; Ap. 22 : 12)

    Le jugement doit être conclu avant le retour du Christ, car il apporte les rétributions avec lui.

10. Quelle cérémonie solennelle du sanctuaire représente la grâce salvatrice de Dieu ? (Lé. 16 : 7-10)

    Le Jour des Expiations était une représentation active du plan de rachat.

    a. Qui est représenté par la chèvre du Seigneur ? - Jésus

    b. Qui le bouc émissaire (Azazel) représente-t-il ? - Satan

    c. Quand le bouc du Seigneur meurt-il ? Lé. 16 : 8-9 ; Jn. 19 : 28-30 - Ce bouc représente Jésus qui est mort sur la croix pour nos péchés.

    d. Quand le bouc émissaire meurt-il ? (Lé. 16 : 10 ; Ap. 20 : 7-10) - Le bouc émissaire a été banni dans le désert comme une image du moment où Satan sera laissé sur la terre désolée pendant le millénaire, lorsque les saints seront au paradis avec Jésus. Satan ne meurt qu'après le millénium (voir aussi Ez. 28 : 18-19).

11. Certains pensent que <u>les deux</u> boucs représentent le Christ. Si les deux boucs devaient être parfaits, comment pouvons-nous dire que Azazel représente Satan ? (Ez. 28 : 12-15)

    Satan était parfait avant de se rebeller contre la loi d'amour de Dieu et de choisir sa propre voie.

12. Dans quel sens *expiation* est-elle utilisée dans Lévitique 16 : 15-22 ?

    Expiation signifie *résoudre toute*. Les trois phases distinctes de ceci sont décrites ici : (1) mon expiation personnelle en me rappelant le sacrifice du Christ et en demandant pardon ; (2) mon congédiement personnel le jour du jugement ; (3) la libération complète du péché et de Satan et la restauration de l'univers de Dieu. Il n'y aura plus jamais de péché. C'est une bonne nouvelle et c'est une expiation dans son sens le plus complet.

13. Que s'est-il passé en 1844, ce qui en fait un moment important dans la prophétie biblique ? (Ap. 10 : 8-11 ; Dn. 12)

    Le *petit livre* prophétisé dans Apocalypse 10 était sans aucun doute le livre de Daniel. Son message concernant la purification du sanctuaire était considéré comme la seconde venue du Christ. Les premiers croyants s'attendaient donc *raisonnablement* à son retour en 1844. La *grande déception* transforma leurs espoirs en amertume jusqu'à ce qu'ils comprennent la vérité du sanctuaire. Vous trouverez plus d'informations sur cet événement à la leçon 12.

> Après le symbolisme du sanctuaire jusqu'à sa conclusion logique, nous pensons qu'une partie du jugement a commencé en 1844. Nous l'appelons le *jugement d'investigation* parce que le Christ nous prépare à sa venue. Il existe un sens bien défini selon lequel nous devons nous aussi *affliger notre âme*, comme l'ont fait les Israélites le jour des expiations, en prenant la vie au sérieux et en vivant pour Jésus.

14. Aurons-nous un jour à nouveau affaire avec le péché ? (Na. 1 : 9)

    Non. À la fin du millénaire, Dieu détruira une fois pour toutes Satan, le péché et les pécheurs.

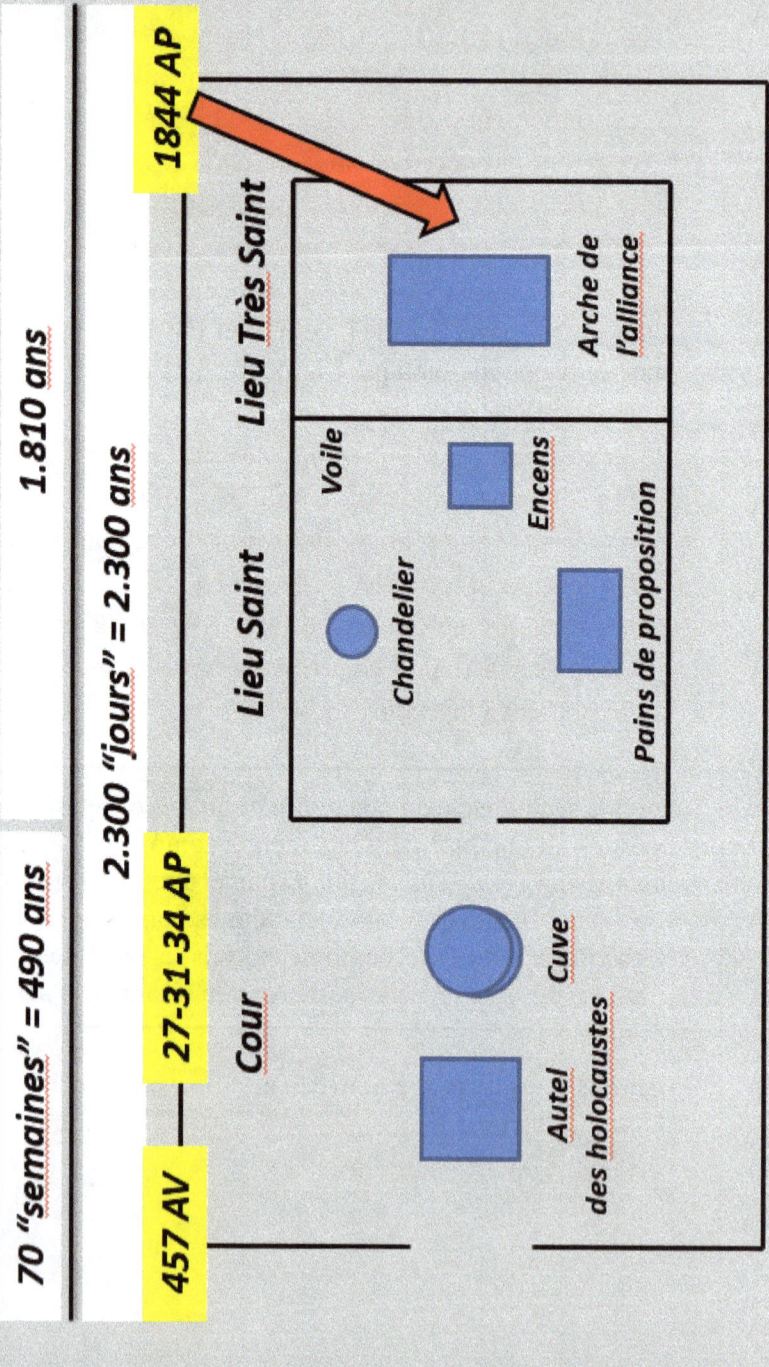

Leçon 8

Le contenu de l'arche

Dans la première leçon, nous nous référions brièvement au contenu de l'arche de l'alliance, mais aujourd'hui nous en examinerons le sens plus profond. Cette arche était l'élément le plus sacré du sanctuaire, car elle représentait la présence de Dieu.

1. Comment l'arche avait-t-elle été construite ?

    a. Quelle était sa taille ? (Ex. 25 : 10) - Environ 114 x 69 x 69 cm

    b. De quoi était-elle faite ? (versets 10-11) - Bois d'acacia revêtu d'or à l'intérieur et à l'extérieur

    c. Comment a-t-elle été transportée ? (versets 12-15) - À l'aide de longs bâtons placés dans des anneaux

    d. Qu'y avait-il à l'intérieur de l'arche ? (verset 16) - Les dix commandements

    e. Qu'est-ce qui était placé sur le dessus de l'arche ? (versets 17-21) - Le propitiatoire et les chérubins

    f. Quelle activité devrait se passer avant l'arche ? (verset 22) - Dieu rencontrerait Moïse.

2. Quels autres objets seraient ensuite ajoutés à l'arche ? (Hé. 9 : 4 ; Ex. 16 : 33-34 ; No. 17 : 1-10)

   Un pot de manne et la verge d'Aaron ont ensuite été ajoutés à l'arche.

3. Que représentent ce qui suit à propos de Dieu et de son caractère ?

   a. Les dix commandements - sainteté, pureté, justice, loi

   b. La manne - providence, bonté

   c. La verge d'Aaron - autorité

   d. Le propitiatoire - miséricorde, grâce, pardon, amour

   e. Les chérubins - culte, révérence

4. Pourquoi est-il important pour nous d'avoir une vraie image de Dieu ? (És. 14 : 12-15)

   La grande controverse porte sur le caractère de Dieu et sur le fait qu'il soit fidèle à sa parole. Satan ne veut rien de plus que diffamer le caractère de Dieu et nous faire croire ses mensonges, que Dieu est injuste et qu'il est un Dieu vindicatif.

Nous avons tous entendu des déclarations du type « S'il y a un Dieu, il ne le permettra pas ... » Satan se réjouit grandement de ces attaques contre le caractère de Dieu. La vérité est que Dieu est le guérisseur et le libérateur, et Satan le destructeur et le guerrier.

5. Quelle explication la déclaration de Jésus aux disciples donne-t-elle à propos de l'aveugle et de ses souffrances ? (Jn. 9 : 1-5)

   Cela nous dit que Dieu ne punit pas le péché en envoyant des maladies ou des calamités. Cependant, il est vrai que parfois nos péchés ont des conséquences physiques et nous séparent de Dieu.

6. Qu'a dit l'apôtre Paul à propos de son combat contre la maladie et du rôle de Satan ? (2 Co. 12 : 7-10)

   Il a dit que c'était Satan qui lui avait causé son affliction personnelle, et non pas Dieu. Il a ensuite ajouté que Dieu utilise parfois ces afflictions pour nous enseigner des traits de caractère importants, tels que l'humilité, la dépendance, la patience, etc.

7. Que nous apprend l'histoire de Job sur l'implication de Satan sur cette terre ? (Job 1 : 6-12)

   L'histoire de Job nous apprend que ses problèmes et ses épreuves ont été directement causés par Satan.

> Si Dieu met fin soudainement à la misère, à la pauvreté, à la maladie et à la mort sur la Terre, nous n'attendrons pas le ciel. Et si Dieu ne guérissait que les chrétiens, plusieurs deviendraient chrétiens pour la mauvaise raison.

8. De retour à l'arche, quels sont les deux principes de base du salut qu'elle nous enseigne ?

   a. Les dix commandements (Ap. 14 : 12 ; 22 : 14 ; Mt. 5 : 17-18 ; Ro. 3 : 20, 31 ; 7 : 12) - Les commandements sont dix principes moraux éternels, ou lois, décrivant le caractère juste de Dieu. Une justice pour laquelle nous sommes obligés, avec son aide, de vivre.

   b. Le siège de la miséricorde (Ro. 3 : 23-24 ; 5 : 1 ; Ja. 2 : 10-12 ; 1 Jn. 1 : 9) - Cela signifie la grâce et le pardon de Dieu. Il nous donne le pouvoir sur la sanction du péché et le pouvoir de vivre victorieusement sur le péché.

9. Comment Dieu s'est-il présenté à Moïse ? Quels traits de caractère Dieu a-t-il utilisés pour se décrire ? (Ex. 34 : 5-6 ; Ps. 85 : 10)

   Il est apparu dans une colonne de nuée et s'est appelé *le Seigneur*. Il s'est décrit comme miséricordieux, endurant, regorgeant de bonté et de vérité—une union parfaite.

10. Quel autre trait important de Dieu est mis en évidence dans la Bible ? (Ps. 115 : 1-8)

    Son pouvoir de créer et l'inutilité de faux dieux.

11. Y a-t-il quelque chose dans l'arche de l'alliance qui désigne Dieu comme notre Créateur ? (Ex. 20 : 8-11).

    Le quatrième commandement, au milieu des dix, décrit clairement Dieu en tant que Créateur et nous appelle à adorer le jour où il s'est démarqué, au début, en tant que Créateur de l'univers.

12. Que nous apprennent les textes suivants sur le jour du sabbat ?

    a. Ge. 2 : 1-3 - Un point important de ce verset est que le sabbat existait des milliers d'années avant que les Juifs ne soient une nation.

    b. Mc. 2 : 27-28 - Jésus, notre Créateur, a affirmé qu'il était le Seigneur du sabbat.

    c. Ex. 16 : 23-29 - Le sabbat était connu des Juifs avant que la loi soit donnée dans Exode 20.

    d. Né. 13 : 15-22 - Néhémie a défendu le sabbat lors du retour des Juifs.

    e. Ac. 13 : 42-44 ; 16 : 13 - Paul observa le sabbat, même parmi les païens.

    f. Hé. 4 : 8-9 - Le livre des Hébreux déclarait à la fin du premier siècle que le sabbat était toujours en vigueur.

g. És. 66 : 22-23 - Nous observerons le sabbat sur la nouvelle terre !

13. Si garder la loi ne nous sauve pas, à quoi sert la loi et devons-nous la respecter ? (Ja. 1 : 22-25 ; Ro. 3 : 20)

    La loi est comme un miroir. Elle révèle notre péché et nous conduit à la croix pour obtenir le pardon. Sans la loi, nous ne pourrions pas distinguer entre le péché et la justice.

> « Le précieux registre de la loi a été placé dans l'arche du testament et est toujours là, à l'abri de la famille humaine. Mais au moment fixé par Dieu, Il produira ces tablettes de pierre pour témoigner au monde contre le mépris de ses commandements et contre le culte idolâtre d'un faux sabbat » (Ellen G. White, *Manuscript Releases*, vol. 8, p 100).

Leçon 9

Paraboles du royaume

Les gens à l'époque de Jésus, y compris ses propres disciples, avaient des notions très déformées sur le royaume de Dieu. Ils cherchaient un Messie qui renverserait les Romains oppresseurs et rétablirait la nation dans la grandeur terrestre. Dans cette leçon, nous explorerons les paraboles de Jésus en expliquant progressivement la vraie nature de son royaume et les derniers événements qui l'introduiraient.

1. Que nous apprennent les paraboles suivantes de Jésus sur le moment du jugement ?

    a. Le blé et l'ivraie (Mt. 13 : 24-30, 36-43)

    b. Le réseau (Mt. 13 : 47-50)

    c. Le jugement final (Mt. 25 : 31-34, 41)

    Toutes ces paraboles renvoient au jugement qui se produit à la fin du monde lorsque le Christ reviendra. Alors, et seulement alors, se fera la séparation entre les justes et les méchants. Par conséquent, il est impossible que cette séparation se produise au moment du décès. Cela nous donne également une vision de la justice de Dieu, cette récompense ou punition éternelle étant donnée à tous à la fois. Comment quelqu'un pourrait-il aller au paradis ou en enfer avant d'être jugé ?

2. Que pouvons-nous apprendre des passages d'Écriture suivants pour obtenir de l'aide ?

    a. Dn. 7 : 9-10 - Il y a définitivement un jour de jugement.

    b. Ac. 24 : 15 - Le jugement a lieu à la résurrection. Notez le verset 25 et la réaction de Félix.

    c. Mc. 13 : 24-27 - Jésus enseigne clairement que les justes ne sont pas rassemblés avant sa venue.

    d. Jn. 5 : 28-29 - La résurrection se produit à un moment donné, appelé *heure*.

    e. Ac. 2 : 29-35 - Même le roi David est mort et enseveli dans le sol, dans l'attente de la seconde venue de Christ et de la résurrection des justes.

    f. 1 Co. 15 : 51-54 ; 1 Th. 4 : 13-17 - Paul dépeint avec insistance la résurrection à la seconde venue.

3. Dans la leçon 7, nous apprenons qu'une des facettes du jugement a commencé en 1844. Qu'est-ce que cela implique ? (Dn. 7 : 9-10)
    Le jugement se déroule généralement en plusieurs phases : (1) examen ; (2) verdict ; (3) sentence ; (4) exécution. Par conséquent, nous croyons que la *phase d'examen* a commencé en 1844. Nous l'appelons le *jugement d'investigation*. C'est une partie très importante de la préparation à la venue du Christ.

4. Quand se produit la phase de verdict ? (2 Th. 2 : 8 ; Ap. 6 : 15-17)
    Cette phase se produit à la seconde venue du Christ.

5. Est-ce tout pour les méchants ? Quelle est la séquence d'événements décrite dans Apocalypse 19 et 20 ?

    a. Ap. 19 : 11-16 - Christ reviendra sur la terre.

    b. Ap. 19 : 17-21 - Les méchants mourront à la vue de sa venue.

c. Ap. 20 : 1-3 - Satan sera lié pendant mille ans.

d. Ap. 20 : 4-6 ; 1 Co. 6 : 2-3 - Les sauvés seront impliqués dans une forme de jugement pendant le millénium au ciel.

e. Ap. 20 : 7-14 - Les méchants seront ressuscités, condamnés et détruits avec Satan.

6. Tout le livre de l'Apocalypse est rempli de langage de sanctuaire. Que remarquez-vous dans les passages suivants ?

   a. Ap. 1 : 9-20 - Le préambule de la prophétie des sept églises

   b. Ap. 4 - Le préambule de la prophétie des sept sceaux

   c. Ap. 8 : 1-6 - Le préambule de la prophétie des sept trompettes

   d. Ap. 11 : 1-3 - Le préambule de la prophétie des deux témoins

   e. Ap. 15 : 5-8 - Le préambule de la prophétie des sept plaies
   Toutes ces lignes de prophétie commencent au sanctuaire céleste. Il est fait mention des chandeliers en or, du trône de Dieu, des anges, d'un autel à encens, de la cour, etc.

7. Quel événement est décrit dans Apocalypse 14 : 14-16 ?
   La seconde venue de Christ est décrite dans ce passage.

8. Dieu cherche-t-il à nous surprendre par sa venue ou à nous prévenir ? (Mt. 24 : 25 ; Jn. 3 : 1-4 ; Am. 3 :7)
   Dieu avertit toujours son peuple du jugement imminent.

9. Comment Dieu avertit-il le monde juste avant la venue de Christ ? (Ap. 14 : 6-13)
   Dieu envoie trois anges avec trois messages pour avertir son peuple. C'est ce que les adventistes du septième jour appellent *des messages des trois anges*. Il n'y a aucune autre dénomination qui enseigne cela !

10. Nous examinons maintenant les messages des trois anges en détail. Quelles sont les composantes du message du premier ange ? (Ap. 14 : 6-7)

   a. Voler au milieu du ciel - C'est un message extrêmement urgent et important.

   b. L'évangile éternel - Se réfère à l'évangile complet, toute l'histoire du début à la fin.

   c. Pour toutes les nations - C'est un message universel, qui s'adresse à tous, partout.

   d. Craignez Dieu, donnez-lui la gloire - Les messages sont centrés sur le Christ et non pas sur les humanistes.

   e. Heure du jugement - C'est le moment de se préparer, et non pas après.

   f. Adorer le Créateur - Cela parle à la puissance créatrice de Dieu et prouve son autorité (Ps. 115 : 1-8).

11. Qu'apprenons-nous du message du deuxième ange ? (Ap. 14 : 8 ; voir aussi Ap. 17 et 18, en particulier 18 :1-4)
    Nous lisons à propos de la chute de *Babylone*, qui représente ceux qui s'opposent à Dieu et à son peuple.

12. Que proclame le troisième ange ? (Ap. 14 : 9-11)
    Il proclame la marque de la bête et la destruction des méchants. Dieu scelle son peuple dans Apocalypse 14 : 1 et marque les méchants.

13. Contrairement aux méchants de Babylone, comment les justes sont-ils décrits juste avant la venue du Christ ? (Ap. 14 : 12, 13)
    Les justes refléteront le caractère de Dieu, une union parfaite de loi et de grâce, d'œuvres et de foi : *tout comme l'arche de l'alliance !*

Leçon 10

Sainteté au Seigneur

Lorsque le peuple d'Israël a été libéré de centaines d'années d'esclavage dans le pays d'Égypte, il a en grande partie perdu la foi et a dû être complètement rééduqué dans les choses du Seigneur et dans les principes de base de la vie. Les exceptions notables incluent les parents de Moïse et quelques Israélites fidèles, car nous savons que Dieu a toujours préservé sa vérité tout au long de son histoire, même si elle a souvent été cachée. Depuis que les Israélites avaient installé leur camp dans le désert, il n'était plus possible pour chaque famille de pratiquer individuellement les rituels de sacrifice chez eux. Le système du sanctuaire a donc été introduit. Cette leçon se concentre sur le concept de sainteté.

1. Quel signe visible de sainteté faisait partie du vêtement du prêtre ? (Ex. 28 : 36-38 ; 39 : 30-31)

    Les mots *Sainteté au Seigneur* étaient inscrits sur son vêtement.

2. Qu'est-ce que cela signifie d'être *saint* ? (1 Pi. 1 : 16 ; Mt. 5 : 48)

    Être saint signifie être séparé, sanctifié, juste et parfait. En un sens, la sainteté est un objectif inaccessible pour un être humain. Dans un autre, il est tout à fait réalisable lorsque, par la grâce de Dieu, nous sommes pardonnés.

3. Comment Dieu a-t-il commencé à révéler son plan de sainteté au peuple par l'intermédiaire de Moïse ? (Ex. 3 : 1-5)

    Rappelez-vous, les gens ne peuvent pas s'élever plus haut que leur chef. La direction sanctifiée est fondamentale.

4. Comment Dieu a-t-il établi cet idéal devant le peuple dans son ensemble ? (Ex. 19 : 3-6 ; 20 : 8)

> Ils devraient être un royaume de prêtres. Ils devraient donner l'exemple aux nations environnantes et les amener au Seigneur. Ils ne devraient pas devenir un club exclusif. Le sabbat devait leur rappeler leur besoin de sainteté, en mettant de côté leurs activités personnelles un jour par semaine.

5. Quelle expérience tirée du voyage en Canaan a souligné l'urgence du concept de sainteté ? (Lé. 10 : 1-10)

> Les fils d'Aaron ont ignoré le caractère sacré de leur position. Dieu a dû utiliser la punition dans Nadab et Abihu comme exemple pour montrer aux gens le sérieux de la sainteté (en particulier, voir le verset 10).

6. De quelle autre manière la sainteté a-t-elle été reflétée dans votre style de vie ? (Lé. 11 : 44-47 ; Ac. 10 : 9-16, 28)

> Ces mots viennent à la fin d'un chapitre entier sur la santé. En étudiant les autres *lois de Moïse*, vous découvrirez toutes sortes de domaines—assainissement des camps, élimination des morts, traitement de la lèpre et d'autres maladies, etc. Dans chaque exemple, la Bible utilise les termes *propre* et *impur*.

7. Dieu nous met au défi d'atteindre la sainteté dans tous les domaines de notre vie, tels que :

    a. 1 Co. 3 : 16 - Notre style de vie en général

    b. 1 Co. 6 : 9-11 - Nos instincts sexuels

    c. Lé. 27 : 30 ; Mal. 3 : 8-10 - Notre argent

8. Le concept de sainteté est retrouvé dans toute la Bible. Que pouvons-nous apprendre de ce concept dans l'Ancien et le Nouveau Testament ? (Ez. 22 : 26 ; 44 : 16-23 ; 1 Pi. 2 : 9 ; Ap. 5 : 9-10)

    Dieu maintient toujours le niveau de sainteté élevé. Il ne fait pas cela pour nous décourager, mais pour nous faire dépendre de lui. Son objectif idéal pour nous est pour notre bien, de nous apporter la paix, l'épanouissement et le vrai bonheur. Considérez ce qui arriverait s'il ne maintenait pas sa création à un niveau élevé !

9. Quelle théologie médiévale a effacé le *sacerdoce du croyant* et est devenue un sujet dans la Réforme Protestante ?

    Un sacerdoce institutionnalisé, une messe, des indulgences pour le péché, la vénération de Marie comme notre médiateur et une confession à un prêtre. Remarquez les églises centrées sur l'autel par rapport aux églises centrées sur la chaire.

10. Qu'est-il arrivé de la prêtrise à la mort de Christ ? (Mt. 27 : 51 ; Hé. 8 : 1-6)

    Christ est devenu notre seul médiateur, notre grand prêtre, dans le sanctuaire céleste.

11. Dans quel sens servons-nous comme *prêtres* aujourd'hui ? (Jn. 21 : 15-17 ; 1 Pi. 5 : 3-5)

    Même si ces paroles ont été adressées aux anciens dans un sens très réel, nous pouvons tous être des *pasteurs auxiliaires* lorsque nous amenons des gens à Christ et que nous pratiquons des prières d'intercession.

12. Quel concept post-moderne a brouillé la distinction entre le sacré et le profane ?

    Le relativisme a balayé les lignes. L'idée que « je vais bien ; vous allez bien » et qu'il n'y a pas de bonne ou de mauvaise réponse, détruit l'idéal biblique de la sainteté personnelle et nous jette dans les mains de Satan. Le vrai christianisme est définitivement contre-culture.

13. Quelle perspective nous aidera à consacrer nos vies complètement à Dieu ? (Hé. 11 : 13 ; 1 Pi. 2 : 11)

    Rappelant que ce monde n'est pas notre maison ; nous ne faisons qu'y passer.

14. Devenir *saint* est clairement un concept étranger au monde entier. Comment le Seigneur nous conseille-t-il de mettre la vie en perspective et de le placer d'abord pour que, par l'association avec lui, nous puissions devenir des saints ?

    a. 1 Jn. 2 : 15-17 - Nous ne devons pas aimer le monde et ses voies.

    b. 2 Pi. 3 : 10-13 - Nous devrions nous concentrer sur les choses célestes, pas sur celles qui vont bientôt brûler.

Prions tous pour que le Seigneur fasse son œuvre merveilleuse dans nos vies et nous prépare ainsi pour son royaume céleste ! « L'oraison est un moyen efficace recommandé par le ciel dans le développement du caractère et la lutte contre le péché. L'influence divine qui se fait sentir dans le cœur en réponse à la prière de la foi assure au chrétien tout ce qu'il a réclamé. Nous pouvons demander le pardon de nos péchés et le don du Saint-Esprit ; nous pouvons intercéder pour obtenir un caractère semblable à celui du Christ, et la sagesse et la force pour accomplir son œuvre ; tout ce que Dieu a promis, il nous l'accordera ; il nous dit, en effet—*Vous recevrez* » (Ellen G. White, *Conquérants Pacifiques*, p. 483).

Leçon 11

Médiation céleste

Dans le monde d'aujourd'hui, l'homme est considéré comme indépendant et autonome. Pour beaucoup, la *liberté* signifie que nous ne répondons moralement à personne, mais que nous sommes autonomes. L'idée de relativisme est étroitement liée à cela. Ce que je crois peut différer de ce que vous croyez, et nous avons tous les deux ont raison ! La *vérité* est bonne pour le mathématicien, le physicien, le chimiste, etc., mais la vérité comportementale n'existe pas et elle est conditionnée par notre culture et notre éducation. Les tristes résultats de ces philosophies abondent autour de nous.

1. Dans la parabole de la brebis perdue, la brebis perdue était-elle *libre* ? (Lu. 15 : 3-7)

    Elle était hors du giron et pouvait errer n'importe où, mais elle se dirigeait vers un désastre et ne le savait même pas.

2. Quelle était la mission de Jésus sur terre ? (Lu. 19 : 10)

    Il est venu sauver les perdus. Nous sommes la brebis perdue. Sans Jésus, nous sommes désespérément confus et perdus.

3. La médiation de Jésus a commencé alors qu'il était sur la terre. Pour qui a-t-il intercédé ? (Jn. 17 : 6-21)

    Il a prié pour ses disciples et pour nous !

4. Quel est le seul moyen d'être vraiment libre ? (Jn. 17 : 17 ; 14 : 6 ; 8 : 30-36)

    Les Juifs se sentaient libres, mais ils ne l'étaient pas. Nous ne pouvons pas faire confiance à nos sentiments ! Nous avons besoin de la Bible et d'une relation avec le Sauveur pour nous garder sur la bonne voie.

5. Que nous enseigne le sanctuaire sur Jésus, notre Sauveur et médiateur ?

    a. Hé. 9 : 12 - Jésus est mort pour nous ; Il était l'Agneau sacrificiel.

    b. Hé. 8 : 1-2, 6 - Jésus vit pour nous ; Il est notre médiateur.

    c. Hé. 9 : 28 - Jésus reviendra sur terre pour nous emmener au ciel. Notez qu'il reviendra à « ceux qui l'attendent avec impatience ».

6. Qu'est-ce qui qualifie Christ de notre médiateur ? (Hé. 4 : 15-16 ; 5 : 8-9)

    Il a vécu une vie parfaite dans ce monde de péché maladif. Il a su par expérience à quoi cela ressemble d'être humain et d'être tenté, mais aussi de se fier entièrement à Dieu et de ne pas tomber dans le péché.

7. Que nous enseignent les Ecritures sur la médiation du Christ ?

    a. 1 Ti. 2 : 5-6 - Il n'y a qu'un seul médiateur—Jésus.

    b. Hé. 8 : 6 ; 9 : 15 - Il est le médiateur de la nouvelle alliance, un accord relationnel que Dieu nous offre, à travers lequel nous pouvons recevoir le salut.

    c. Jn. 14 : 1-6 - Jésus est « le chemin, la vérité et la vie ». Nous sommes venus à Dieu par lui. C'est pourquoi nous prions « au nom de Jésus ». Voir aussi Ac. 2 : 38 ; 3 : 6 ; 16 : 18.

Il est important de noter que certains systèmes théologiques désignent d'autres médiateurs tels que les prêtres, Marie, etc. Ces idées fausses sont apparues après les apôtres, pendant la grande apostasie du christianisme.

8. Si Jésus joue un rôle de médiation dans le sanctuaire céleste, qui est ici pour nous aider ? (Jn. 16 : 7)

    Le Saint-Esprit ; le Consolateur que Jésus a promis d'envoyer après sa résurrection et sa ascension.

9. Quel est le travail du Saint-Esprit ? (Jn. 16 : 8-13)

    Le travail du Saint-Esprit est de nous convaincre du péché, de la justice et du jugement, et de nous conduire dans toute la vérité.

10. Qu'est-ce qui nous qualifie pour bénéficier du travail du Saint-Esprit ? (Jn. 14 : 15-17 ; Hé. 10 : 14 ; Ac. 5 : 32)

    Les désobéissants peuvent entendre la voix de l'Esprit les appelant à la repentance, mais seuls les obéissants jouissent d'une relation complète avec lui. Veuillez noter qu'il ne s'agit pas d'une obéissance légaliste, mais qu'elle découle du cœur, processus de sanctification en cours. Cela nous rend parfait.

11. Comment pouvons-nous trouver cette vérité ? (Jn. 18 : 36-38)

    Nous ne trouvons la vérité que par Jésus et par sa parole. Nous devons abandonner nos concepts personnels de *liberté* et trouver en Lui la seule vraie liberté—une relation complète avec Jésus et sa parole.

12. Quel est le rôle du Saint-Esprit quand nous prions ? (Ro. 8 : 26-27)

    Ici, le Saint-Esprit est aussi appelé l'intercesseur.

13. Comment le Saint-Esprit nous permet-il de servir les autres ? (1 Co. 12 :1, 7-11)

    Il nous donne des dons spirituels.

14. Comment Christ et le Saint-Esprit nous ouvrent-ils maintenant les portes du ciel ? (Ép. 3 : 12 ; Hé. 4 : 16)

    Par la prière, nous avons accès à la salle du trône de Dieu !

15. Toutes les vérités que nous étudions dans ce cours émanent du sanctuaire. Comment les psalmistes ont-ils exprimé leur joie à propos de la maison de Dieu ? (Ps. 77 : 13 ; 122 : 1)

    Ils ont eu grand plaisir à entrer dans la maison de Dieu.

16. Que s'est-il passé au temps du roi Josias lorsque les Écritures ont été redécouvertes ? (2 R. 22 : 8-13)

    Il y a eu un grand réveil et une réforme.

17. Quand la prophétesse Hulda fut consultée, qu'avait-elle dit, en particulier au jeune roi ? (2 R. 22 : 15-20)

    La repentance sincère de Josias fut acceptée et les calamités reportées à après sa mort.

> Puissions-nous humilier nos cœurs pour recevoir la Parole de Dieu et donner notre vie à Jésus !

Leçon 12

L'arche de la sécurité

Nous commençons notre dernière leçon par cette citation de *La Tragédie des Siècles* : « La clef de l'énigme de 1844 se trouvait dans le sujet du sanctuaire. L'étude de ce sujet *révéla tout un système harmonieux de vérités*. On y vit la main de Dieu, lequel avait dirigé le grand mouvement adventiste, éclairant la position et la mission de son peuple » (Ellen G. White, p. 459, l'accent étant mis ici). Nous pourrions discuter de la recherche de l'arche de l'alliance terrestre, mais cela ne ferait que satisfaire une curiosité pour résoudre le mystère de son emplacement. Dans cette dernière leçon, nous consacrerons notre temps à l'étude de l'arche céleste, qui a été obscurcie par diverses sortes de fausse théologie au cours des siècles. Satan a en grande partie réussi à détourner l'attention de l'humanité de Christ vers un *royaume* visible sur terre afin de créer une dépendance à l'égard d'un système d'église plutôt que du ministère de notre Grand Prêtre céleste.

1. Quel système terrestre a prévalu pendant l'âge des ténèbres et quels moyens a-t-il utilisé pour attirer l'attention sur lui-même et l'éloigner de Christ ? (Dn. 8 : 9 ; Ap. 13 : 6)

   La petite corne a prévalu. Elle a usurpé la puissance du Christ, notre médiateur au ciel, en instituant un système de fausse médiation sur la terre qui exploite une église visible avec ses prêtres et ses saints *(voir Dn. 8 :11-12).*

2. Quelles sont les caractéristiques clés qui nous aident à identifier ce pouvoir ? (Dn. 8 : 9-13 ; Ap. 13 : 1-8)

   Les caractéristiques principales sont (1) le facteurs liés à la géographie et de l'histoire, (2) son auto-exaltation contre le Prince de l'armée (Jésus), (3) en enlevant des sacrifices quotidiens et en renversant le sanctuaire, et (4) qui a étalé la vérité au sol.

3. Quand ce faux système serait-il exposé ? (Dn. 8 : 14 ; Hé. 9 : 23)
   Le faux système a été démasqué lors de la renaissance de 1844.

> « Cette période prophétique s'est terminée le 22 octobre 1844. Pour ceux qui s'attendaient à rencontrer le Seigneur ce jour-là, la déception était grande. Hiram Edson, un érudit biblique au centre de l'État de New York, décrit ce qui s'est passé dans le groupe de croyants dont il faisait partie :
>
> Nos attentes étaient élevées et nous avons donc attendu la venue de notre Seigneur jusqu'à ce que l'horloge sonne à minuit. La journée était alors passée et notre déception était devenue une certitude. Nos espoirs et nos attentes les plus profonds ont été anéantis, et un esprit de pleureur tel que nous ne l'avions jamais fait auparavant est apparu. Il semblait que la perte de tous les amis terrestres ne pouvait pas être comparée. Nous avons pleuré et nous avons pleuré jusqu'à ce que le jour se lève ….
>
> En méditant dans mon cœur, je me suis dit : 'Mon expérience de l'Avent a été la plus belle de toutes mes expériences chrétiennes. … Est-ce que la Bible a échoué ? N'y a-t-il pas de Dieu, pas de paradis, pas de ville en or, pas de paradis ? Est-ce que tout cela est une fable habilement conçue ? Nos espoirs et attentes les plus profonds ne sont-ils pas réels ? …
>
> J'ai commencé à sentir qu'il devait y avoir de la lumière et de l'aide pour nous en cette période d'agonie. J'ai dit à certains frères : 'Allons à la grange.' Nous entrons dans la grange, fermons la porte et nous nous inclinons devant le Seigneur. Nous avons prié avec ferveur parce que nous avons ressenti notre besoin. Nous avons continué à prier avec ferveur jusqu'à ce que nous recevions le témoignage de l'Esprit nous indiquant que nos prières étaient acceptées et que la lumière nous était donnée : notre déception expliquée et clarifiée de manière satisfaisante.
>
> Après le petit-déjeuner, j'ai dit à l'un de mes frères : 'Sortons et encourageons certains de nos frères.' Nous sommes sortis et, alors que nous traversions un grand champ, j'ai été bloqué à peu près à mi-chemin. Le ciel semblait s'ouvrir devant mes yeux et je vis clairement et distinctement qu'au lieu que notre souverain sacrificateur s'éloigne du lieu très saint du sanctuaire céleste, le dixième jour du septième mois, à la fin des 2.300 jours, premier au lieu de cela, il entra ce jour-là dans

> le deuxième compartiment de ce sanctuaire, et il avait une tâche à accomplir dans le lieu très saint avant de venir sur terre; qu'il est venu aux noces ou, en d'autres termes, à l'Ancien des Jours, pour recevoir le royaume, le règne et la gloire; et que nous devrions attendre son retour du mariage. Et mon esprit était dirigé vers le dixième chapitre de l'Apocalypse, où je pouvais voir que la vision avait parlé et n'avait pas menti. » (Manuscrit non publié, publié en partie dans *The Review and Herald*, 23 juin 1921).

4. Qui est le prince de l'armée ? (Jos. 5 : 13 – 15 ; Dn. 9 : 25 ; 10 : 21 ; 12 : 1)

    Jésus est le prince de l'armée, le même que Satan déteste et dont il a essayé d'obscurcir le ministère.

5. De quelles manières spécifiques la théologie des petites cornes a-t-elle remplacé le ministère de Jésus ?

    a. Une fausse prêtrise (Ap. 1 : 6 ; 1 Pi. 2 : 9) - Nous sommes les prêtres et Jésus est le grand prêtre. Nous pouvons intercéder pour les autres par la prière. Le sacerdoce terrestre a été aboli pour toujours lorsque le voile du temple a été déchiré en deux.

    b. Un faux système de médiation (Hé. 8 : 1-6) - Nous ne devrions pas prier des personnes décédées telles que Marie, Saint-Jude, etc., ni confesser nos péchés à un prêtre.

    c. Un faux système religieux avec ses pièges mystiques tels que de l'encens brûlant, des statues et des icônes, une chapelle centrée sur un autel et de l'eau bénite, des reliques et d'autres objets non bibliques. - La messe est une distorsion totale du service de communion. Celles-ci et de nombreuses autres traditions subsistent dans les églises catholiques, orthodoxes et évangéliques. En bref, nous ne devrions pas considérer l'église comme notre sauveur.

> Hébreux 9 : 24 révèle que le sanctuaire terrestre et ses meubles n'étaient que des *copies de la vérité*. Par conséquent, la véritable *arche perdue* a été redécouverte en 1844 dans un champ de maïs par un profane dévoué ! Cette arche, ce sanctuaire céleste et le ministère céleste de Jésus ont été mis à jour et ont donné naissance à un nouveau mouvement chrétien connu sous le nom d'Église Adventiste du Septième Jour. Quels sont les *secrets et mystères* de cette *arche perdue* ? Ce ne sont que des secrets et des mystères puisque la plupart des gens n'étudient jamais le sanctuaire, l'arche est donc perdue. Remarque—l'Église Adventiste du Septième Jour partage bon nombre de ses enseignements avec d'autres dénominations, mais c'est la seule à enseigner le message du sanctuaire !

6. Ensuite, en revue, et selon ce que nous avons trouvé à travers cette série de leçons, quels sont quelques-uns des principaux enseignements bibliques qui nous ont été donnés dans le message du sanctuaire : les *joyaux de la vérité* qui devraient être placés *dans l'examen minutieux de l'évangile*. (Ellen G. White, *Travailleurs évangéliques*, p. 289) ?

   a. Hé. 9 : 11-12 - Le salut par le sang du Christ et sa médiation

   b. És. 14 : 12-14 - Le thème de la *grande controverse* et le caractère de Dieu

   c. 1 Th. 4 : 16-18 - La seconde venue du Christ et l'état des morts

   d. Dn. 8 : 14 ; Ap. 14 : 6-7 - La prophétie de la fin des temps, y compris le message du jugement

   e. Jn. 14 :15-16 ; Ro. 6 : 23 - L'alliance de l'amour de Dieu, exprimée dans les Dix Commandements (loi), mais équilibrée par le propitiatoire (grâce) et le septième jour, le sabbat

> « Dans le lieu très saint je vis une arche ; le haut et les côtés étaient composés de l'or le plus pur. A chaque extrémité de l'arche il y avait un chérubin, les ailes déployées. Leurs faces étaient tournées l'une vers l'autre, et leurs yeux étaient baissés. Entre les anges on voyait un encensoir d'or. Au-dessus de l'arche, où se trouvaient les anges, il y avait une lumière éclatante, qui apparaissait comme un trône où Dieu habitait. Jésus se tenait près de l'arche, et lorsque les prières des saints montaient vers lui, l'encens fumait dans l'encensoir, et il offrait ces prières avec la fumée de l'encens à son Père. Dans l'arche il y avait un vase de manne, la verge d'Aaron qui avait fleuri, et les tables de pierre, qui ressemblaient à un livre. Jésus les sépara, et je vis les dix commandements écrits du doigt même de Dieu. Il y avait quatre commandements sur une table et six sur l'autre. Ceux de la première table étaient plus lumineux que les six autres. Mais le quatrième, celui du sabbat, brillait davantage encore que tous les autres ; car le sabbat a été mis à part pour être gardé en l'honneur du nom du Dieu saint. Le saint sabbat paraissait glorieux — un halo lumineux l'entourait. Je vis que le commandement du sabbat n'avait pas été cloué à la croix. Si cela avait été le cas, les neuf autres l'auraient aussi été ; et nous serions libres de les violer tous, de même que le quatrième. Je vis que Dieu n'avait pas changé le sabbat, car Dieu ne change jamais. Mais le pape, lui, a changé le septième jour au premier jour de la semaine ; car il voulait changer les temps et la loi. » (Ellen G. White, *Premiers Ecrits*, p. 32)

7. Puisqu'il y a eu beaucoup de distorsions au cours des siècles, *l'église* est-elle vraiment une nécessité dans la vie du croyant ? Est-ce que Dieu est d'une manière dans l'église ? (Mt. 16 : 16-19 ; 1 Pi. 2 : 6-10 ; Hé. 12 : 22-23)

    Oui ! L'église a été établie par Jésus lui-même et il a choisi douze disciples comme ses premiers membres, représentant les douze tribus d'Israël et unissant l'Ancien et le Nouveau Testament. L'église est le nouvel *Israël*. L'existence de faux corps religieux ne doit pas nous empêcher de faire partie de l'église de Dieu.

8. Quelle indication avons-nous que Jésus aime l'église ? (Ép. 5 : 25-27 ; Ap. 1 :12-20)

    Il est mort pour chaque personne qui constitue le corps de Christ et il en prend soin, même aujourd'hui.

L'arche de la sécurité | 127

9. Comment était l'organisation de l'église primitive, qui sert de standard aujourd'hui ? (Ac. 6 : 1-7 ; 14 : 23 ; 15 : 1-3)

   Au fur et à mesure des besoins, les responsables d'église (diacres et anciens) étaient chargés de servir les autres. S'il y avait un problème théologique, les réunions du conseil étaient convoquées et des délégués désignés pour traiter le problème et parvenir à un consensus biblique.

10. Comment les membres ont-ils été ajoutés à l'église ? (Ac. 2 : 41-47)

    L'église a grandi grâce au baptême de nouveaux membres.

11. Dans l'arche de Noé, huit personnes seulement ont été sauvées. Selon Pierre, quel est l'antitype qui nous sauve maintenant ? (1 Pi. 3 : 18-22)

    Selon Pierre, l'antitype est le baptême. Aujourd'hui, lorsque quelqu'un est baptisé, il rejoint également l'église. Bien sûr, ce n'est pas l'église elle-même qui nous sauve, mais le message de cette église.

Nos premiers croyants utilisaient souvent le terme *arche de sécurité* pour désigner l'église. *Ceci est donc la cinquième arche de la Bible !* Le jour de Noé, les personnes qui l'entendaient avaient le choix de monter ou non sur le bateau. Ce n'est pas différent aujourd'hui. Les quatre coffres que nous avons identifiés dans la première leçon étaient et sont des *arches de sécurité*. La citation suivante nous donne un aperçu de l'arche de la sécurité et de notre rôle dans le partage de ce message avec d'autres.

« Il y a du travail à faire pour nos voisins et ceux avec qui nous nous associons. Nous n'avons pas la liberté d'interrompre nos efforts patients et pieux pour les personnes qui se trouvent en dehors de l'arche du salut. Il n'y a pas de répit dans cette guerre. Nous sommes des soldats du Christ et nous sommes dans l'obligation de veiller, craignant que l'ennemi ne profite d'avantages et conserve à son service des avantages que nous pouvons gagner pour Christ. » (Ellen G. White, *Testimonies for the Church*, vol. 5, p. 279)

TEACH Services, Inc.
P U B L I S H I N G

We invite you to view the complete
selection of titles we publish at:
www.TEACHServices.com

We encourage you to write us
with your thoughts about this,
or any other book we publish at:
info@TEACHServices.com

TEACH Services' titles may be purchased in
bulk quantities for educational, fund-raising,
business, or promotional use.
bulksales@TEACHServices.com

Finally, if you are interested in seeing
your own book in print, please contact us at:
publishing@TEACHServices.com
We are happy to review your manuscript at no charge.

www.ingramcontent.com/pod-product-compliance
Lightning Source LLC
Chambersburg PA
CBHW070556160426
43199CB00014B/2527